FELDSPAT, QUARZ UND GLIMMER
FELDSPAR, QUARTZ AND MICA

Marianne Lang

KERBER ART

INHALTSVERZEICHNIS
CONTENTS

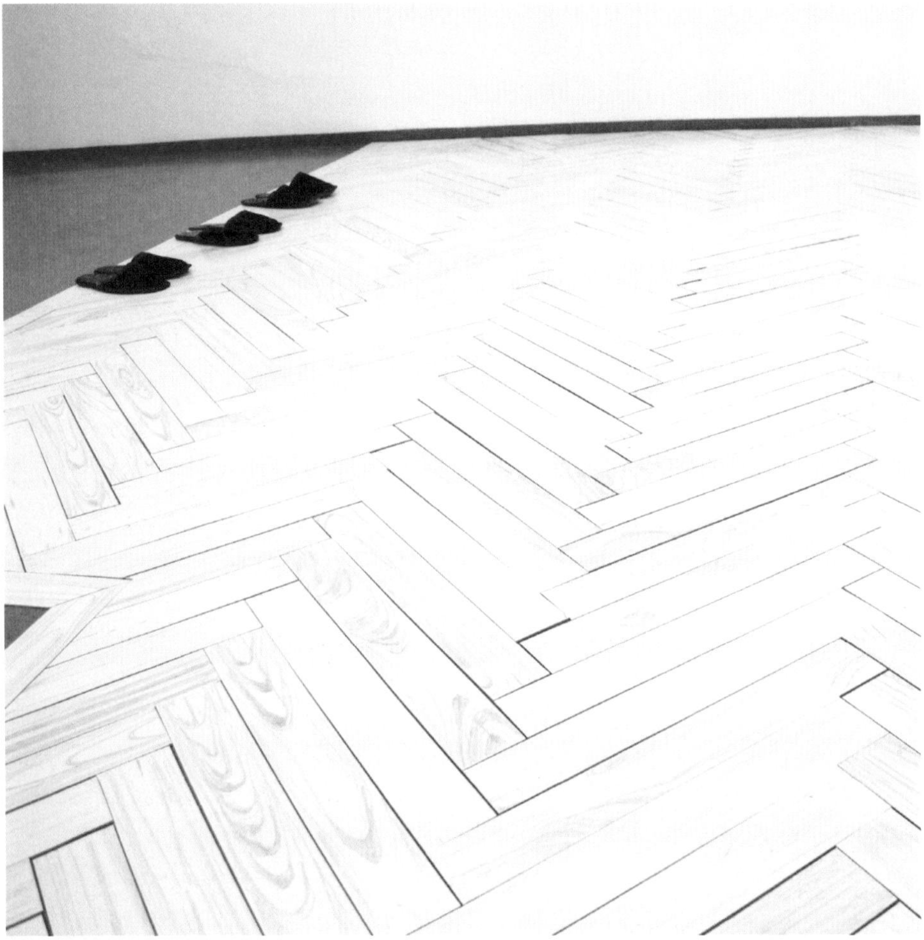

Fertigparkett / Pre-finished Parquet
Bleistift auf Papier / pencil on paper, 600 x 400 cm, 2011

SCHATTENGEWÄCHS

Elsy Lahner

MARIANNE LANG setzt sich zeichnerisch mit dem Raum auseinander. Mit ihren Arbeiten greift sie behutsam in die vorhandene Architektur ein. Sie verwebt verschiedene Raumstrukturen – das Innen und Außen, privaten und öffentlichen Bereich – miteinander und lenkt somit die Aufmerksamkeit auf deren Eigenarten. Dabei existiert entweder bereits vorab eine bestimmte Idee, die nur auf die richtige Konstellation wartet, oder es sind die Räume selbst, die die Künstlerin zu Arbeiten anregen. In diesem zweiten Fall entstehen die Werke aus einer konkreten Raumsituation und für einen bestimmten Raum.

In ihrer Arbeit *Fertigparkett* (2011) befasste sie sich mit einem Parkettboden, dessen Fischgrätmuster sie zeichnerisch auf Kartonleisten fortsetzte und damit die Zeichnung zugleich zum räumlichen Objekt machte. Bei anderen Arbeiten war es der Grundriss eines Raums, den sie als Zeichnung im Maßstab 1:1 auf einen anderen Raum übertrug.

Marianne Lang erschließt sich auch über das Zeichnen den jeweiligen Raum und greift zeichnerisch in die vorhandene Architektur ein. Sie variiert verschiedene Zeichentechniken und experimentiert mit diesen. Mit einem Gravurstift zeichnete beziehungsweise ritzte sie etwa Eiskristalle in Glasscheiben (*Kristalline*, 2011) oder verwendete einen Lötkolben, um mit diesem eine Zeichnung in ein Holzfurnier zu brennen (*Fellimitat*, 2013).

Auch für ihre Serie von Wandarbeiten mit dem Titel *Schattengewächse* wählte Marianne Lang eine unkonventionelle Form des Zeichnens und bezog sich damit auf unterschiedliche räumliche Gegebenheiten wie ihr eigenes Atelier, den Ausstellungsraum, den privaten Wohnraum oder die Räumlichkeiten der Albertina im Rahmen einer künstlerischen Intervention. Gedankliche Ausgangsbasis hierfür waren Kletterpflanzen, wie sie zur Begrünung von Fassaden eingesetzt werden. Sogenannte „Selbstklimmer", wie Efeu oder Wilder Wein, verfügen im Gegensatz zu Kletterpflanzen, die ein Gerüst benötigen, über Haftwurzeln oder spezialisierte Ranken, mit denen sie auf vertikalen Flächen Halt finden und an diesen nach oben streben. Nach und nach nimmt die wachsende Pflanze so das jeweilige Gebäude ein und überschreibt die ursprüngliche Architektur.

Marianne Lang greift in ihren Wandarbeiten diese Eigenschaft auf und transferiert dafür ihre „Schattengewächse"

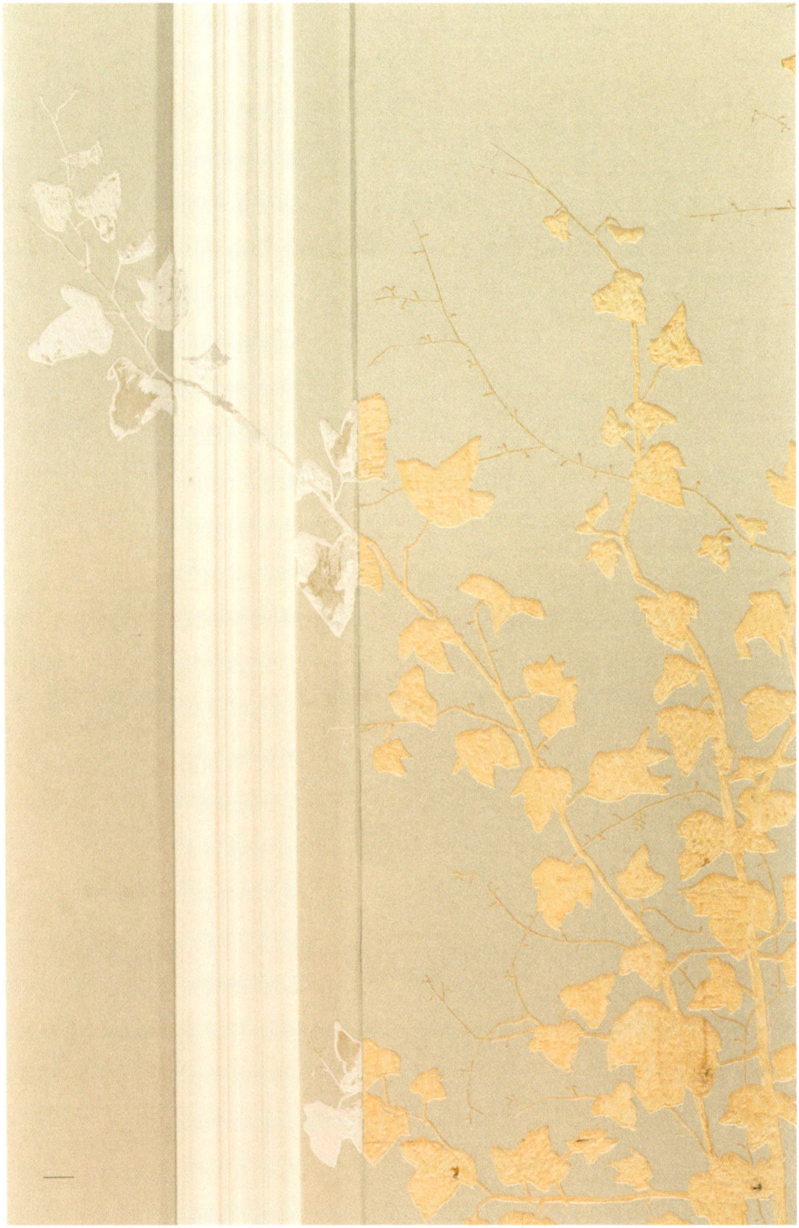

Schattengewächs / Scandent Shades
Sgraffito, Intervention Albertina, Wien / Vienna, 2013–2014

in den Innenraum und lässt sie mit diesem interagieren. Mit einem Linolschnittwerkzeug schabt und kratzt die Künstlerin in Sgraffito-Technik die Konturen und Flächen einer Kletterpflanze in den Wandputz. So wie die Haftwurzeln einer Kletterpflanze in die oberste Schicht des Mauerwerks eindringen, so setzt auch Marianne Lang der Wand zu. Ihre Zeichnung breitet sich im Vorgang des Arbeitens aus, überzieht die eigentliche Oberfläche und löst diese somit sukzessive auf. Die Zeichnung wird gleichsam in den Wandputz eingebettet. Marianne Lang macht dadurch die darunterliegenden Schichten sichtbar und legt sie frei. Bisher verborgene, frühere Farbanstriche und auch Materialien werden erkennbar, treten in den Vordergrund und bestimmen daher auch per Zufall das Erscheinungsbild der Wandzeichnung. Hier kommt plötzlich ein Fleckchen Rot zum Vorschein, dort wird eine aufgesetzte Holzplatte samt Astloch sichtbar, an anderer Stelle erscheint eine alte Bleistiftnotiz an der Wand.

Die Wandarbeit erzählt von der Geschichte des Gebäudes. Sie löst auch die Erinnerung an eine Kletterpflanze aus, die hier einmal gewachsen sein könnte, die jemand weggenommen und dabei etwas mitgerissen hat. Die Zeichnung bleibt als Rückstand – als Schatten – erhalten.

Bei ihrer Intervention in der Albertina (2013) knüpfte Marianne Lang auch an die Vergangenheit der Habsburgischen Prunkräume an, die sich seit ihrer Nutzung als Wohnräume, nun unbewohnt, in einer Art Dornröschenschlaf befinden. Mit ihrem *Schattengewächs* bezog sie die Vielzahl an floralen Ornamenten mit ein, wie sie in Vestibül, Musensaal sowie den anschließenden Zimmern und Kabinetten an Wänden, auf Böden und Dekor zu finden sind.

Eine weitere Charakteristik einer Kletterpflanze ist es, zu wuchern und sich unkontrolliert auszubreiten. Sie wächst über Ecken und Kanten, über Fenster und über Dächer und kennt kaum ein Hindernis. Auch diese Eigenschaft übernimmt die Künstlerin und lässt die Zeichnungen aus ihrem Rahmen ausbrechen. So bewegte sich etwa die Version des „Schattengewächses" in der Albertina über die Stuckeinfassungen hinaus, zog sich die Wände hinauf, an den Säulen entlang und tauchte sogar an der gegenüberliegenden Wand auf.

Bei Marianne Lang bleibt die Zeichnung somit nicht ein eingerahmtes statisches Bild, sondern befindet sich in einem Prozess, in dem die Künstlerin irgendwann bewusst innehält und ihn gezielt beendet.

SCANDENT SHADES

Elsy Lahner

MARIANNE LANG explores space through drawing and carefully examining extant architecture. She steers our attention towards special building characteristics by interweaving different spatial domains: interior with exterior, private and public. The inspiration for Ms Lang's work may be a specific idea that had simply been waiting for the appropriate space – letting the artist then bring it to life; or it may be the spaces themselves that inspire Ms Lang's work. In the latter case, the works take their form from a concrete space and for an exact location.

With her work *Fertigparkett* (*Pre-finished Parquet*, 2011), the artist takes her inspiration from a parquet floor, creating a spatial object by drawing an extension of the herringbone pattern on paperboard.

In other works, the artist transposes the drawing of a floor plan to the scale of 1:1; superimposing this onto another room, and by doing so interweaving different spheres – inside and outside, personal and public. Through her drawing Marianne Lang taps into actual spaces and existing architecture. She varies and experiments with techniques – an engraving tool is used to draw or to scratch ice crystals onto panes of glass, in *Kristalline* (*Ice Crystals*, 2011), a soldering iron is used to burn depictions into wood veneer, *Fellimitat* (*Imitation Fur*, 2013).

In her series *Schattengewächs* (*Scandent Shades*), working on and into the actual walls themselves, Marianne Lang here too chooses unconventional forms of "drawing" in response to extremely varied spatial situations: her own studio, an exhibition venue, her own living room, and in her artistic intervention at the Albertina Museum. The conceptual inspiration for this work was climbing plants, which are often used for facade greening. Unlike plants which require growth supports, these so-called self-clinging plants, like ivy or Virginia creepers, have tendrils or specialised vines with which they attach themselves to surfaces, enabling them to shoot upwards. Little by little, the plant's rampant growth engulfs the building it is growing on, redefining the original architecture.

Picking up on this characteristic of rampant growth, Marianne Lang lets various elements in her wall series interact with each other by bringing her *Scandent Shades* to the interior of the building where she sets them free. In sgraffito technique, using a linocut gouge, the artist scrapes and scratches climbing plants and

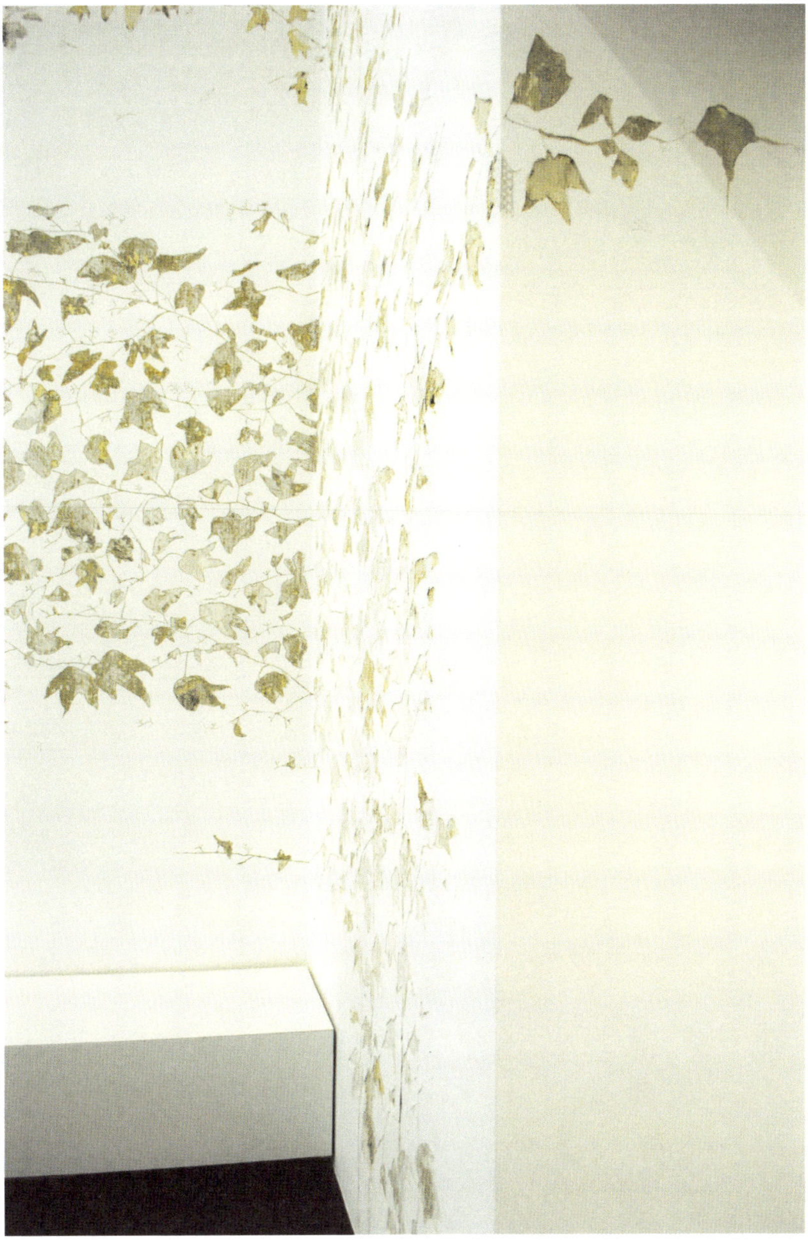

Schattengewächs / Scandent Shades

Sgraffito, Ausstellung / Exhibition Los, bäckerstrasse4, ca. 3,5 x 3 m, *2012*

their contours into plaster: just like the adhesive pads of climbing plants, so too Marianne Lang – both working their way into the uppermost sections of walls.

Ms Lang progressively overlays and successively engulfs original wall surfaces as she allows her drawings to unfold. The design becomes implanted in the plaster, whereby the underlying layers are exposed – set free. Old coats of paint and other building materials once hidden now become visible and determine, as much by accident as by design, the appearance of the wall-drawing: a patch of red is suddenly visible over here; over there an embedded wooden board (knothole included) and even further along a scribbled pencil mark.

The wall series tells the story of the building. It also invokes the memory of a climbing plant that had perhaps once been growing here, and which, upon being torn away, had taken pieces of the wall with it. The drawing that remains is a residue, a shaded remnant.

In her intervention in the Albertina Museum (2013), Marianne Lang also feeds into the past of the Habsburg Staterooms, which have remained unlived in since the family's departure. The rooms now seem to be under the same spell as was Sleeping Beauty herself. *Scandent Shades* explores the numerous floral ornaments in the vestibule, the Hall of the Muses and the adjacent rooms and galleries; on walls, on floors and on the decor.

A further characteristic of a climbing plant is its wild growth – it easily spreads out of control – growing up edges and corners, over windows and over roofs, consuming virtually any obstacle. By having her drawings break out of their frames the artist addresses this aspect of uncontrollable growth. The stucco borders in the Albertina were claimed by *Scandent Shades* – growing up walls, along pillars and even popping up on the walls opposite.

A drawing by Marianne Lang does not remain static within its frame. It is the depiction of a process, whereby somewhere along the way, the artist consciously pauses, stops and brings the whole to a definite end.

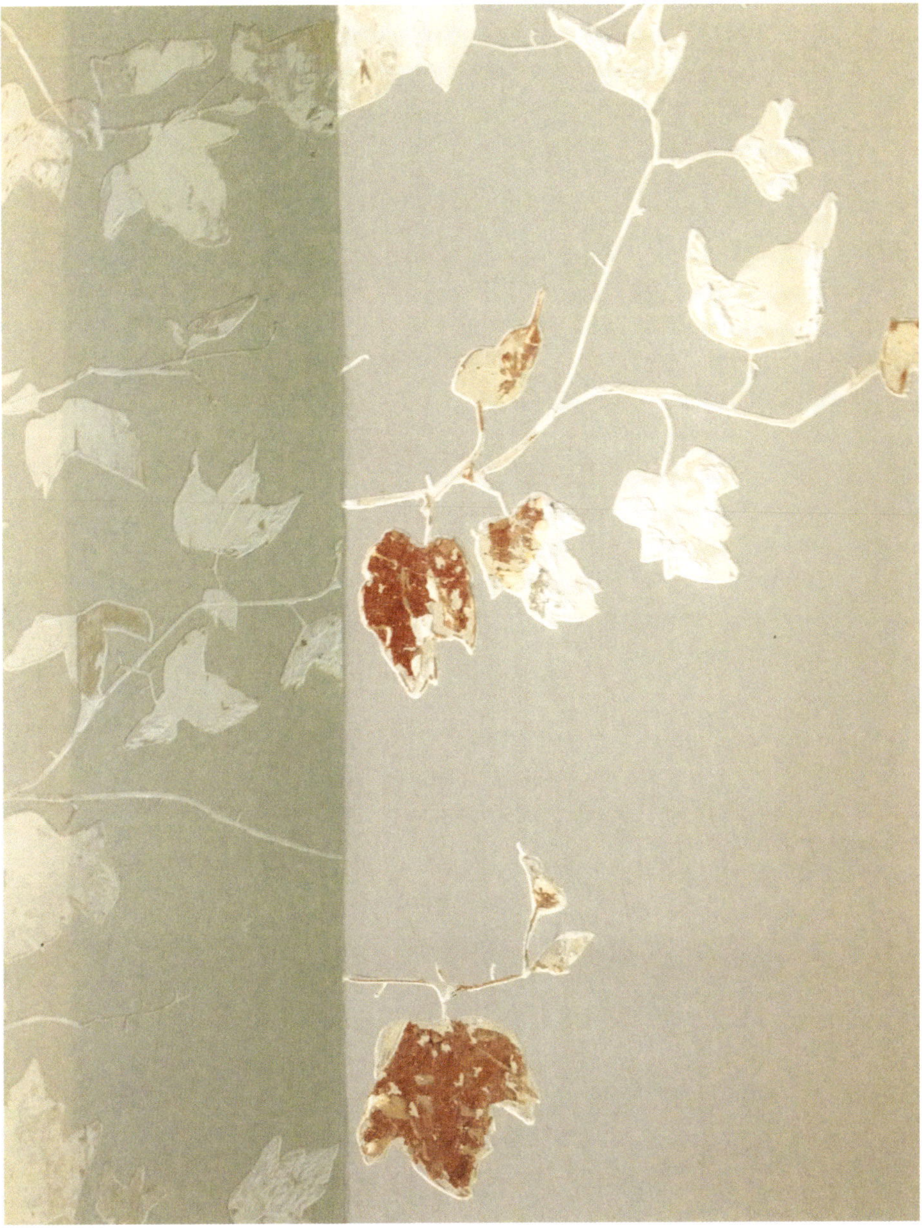

Schattengewächs / Scandent Shades
Sgraffito, Intervention Albertina, Wien / Vienna, 2013–2014

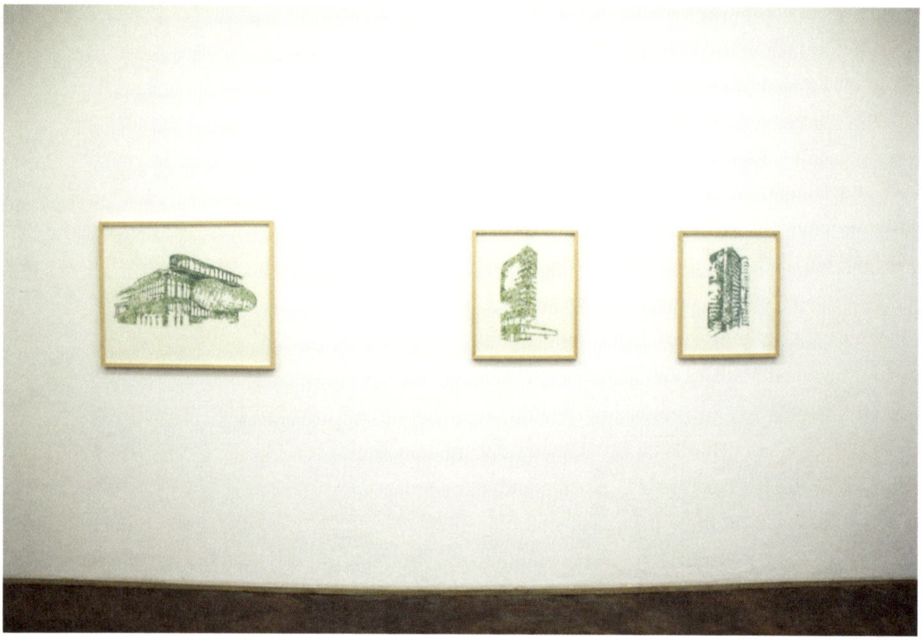

Haus im Grünen / House in the Open

Serie, Mischtechnik auf Papier / series, mixed media on paper, 50 x 60 cm, 2014–2017

MARIANNE LANG – DAS HAUS IM GRÜNEN

Überlegungen im Rahmen einer Ausstellung

Roman Grabner

Es war einmal ein Lattenzaun,
mit Zwischenraum, hindurchzuschaun.
Ein Architekt, der dieses sah,
stand eines Abends plötzlich da –
und nahm den Zwischenraum heraus
und baute draus ein großes Haus.
[...]
Christian Morgenstern

DAS *HAUS IM GRÜNEN* (2014–2017) von Marianne Lang ist vielleicht nicht jenes Morgenstern'sche Wunder der Architektur, das nur aus Zwischenräumen besteht, doch offenbart Lang in ihrem ironischen Spiel mit Raum und Hülle, dass sich die Formen ihrer Bauwerke gerade jenen Leerstellen eines Dazwischen verdanken. Die Künstlerin zeigt keine architektonischen Körper, sondern nur deren dichten Pflanzenbewuchs, der aus den Fugen und Nischen wuchert. Das Haus, das üblicherweise „aus einem Dach, aus Mauern mit Fenstern und Türen"[1] besteht, ist in dieser Form nicht mehr existent. Lang hat die Beobachtung, dass ganze Gebäude unter einem dichten Pflanzenbewuchs sprichwörtlich verschwinden, in die Tat umgesetzt und die statische Konstruktion des Raumes eliminiert. Das Volumen, der Baukörper, deutet sich nur durch die Hülle der botanischen Ummantelung an. Mit dem Titel *Haus im Grünen* wird dementsprechend keine konkrete Architektur bezeichnet, sondern vielmehr die Rückeroberung menschlicher Bauten durch die Natur ins Blickfeld genommen, die Struktur des biologischen Wachstums reflektiert und das Sehnsuchtsmotiv eines harmonischen Lebens am Land humorvoll beschworen. Zugleich erscheinen die Arbeiten als augenzwinkernder Verweis auf die zeitgeistige Tendenz einer „grünen" Architektur, die nicht nur durch nachhaltige Konzepte, sondern vor allem auch durch begrünte Wände und vertikale Gärten in Erscheinung tritt, wie sie zum Beispiel der französische Gartenarchitekt Patrick Blanc für Bauten von Jean Nouvel oder Herzog & de Meuron entwickelt hat.

Der Werktitel *Haus im Grünen* (2014–2017) dient Lang auch als Name für ihre Werkschau in der Galerie bäckerstrasse4. Sie hat in der Schau Arbeiten und Serien aus den Jahren 2012

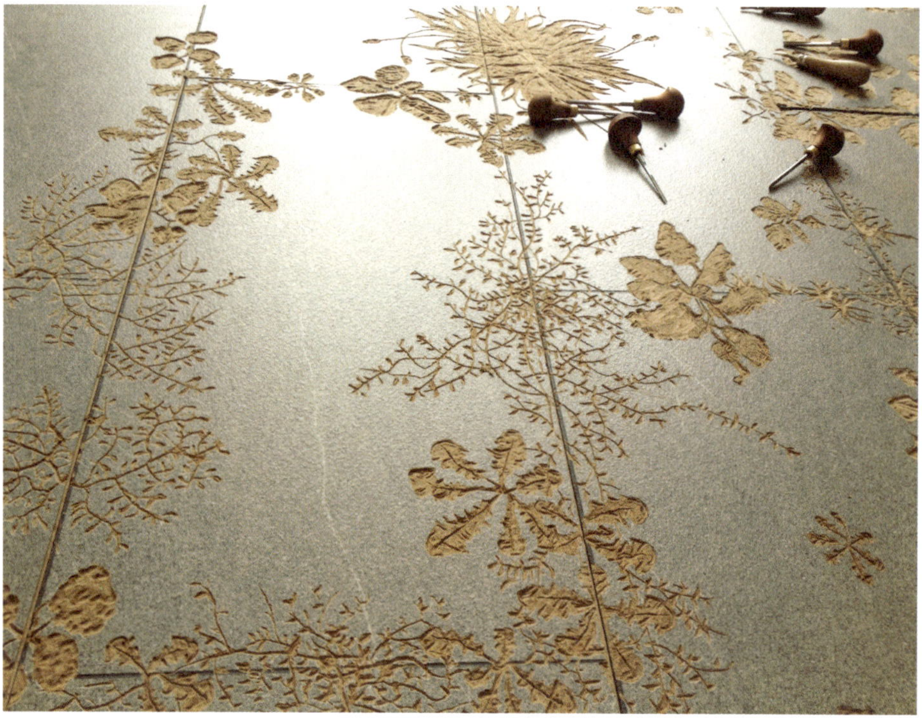

Side-notes
Holzgravur / wood engraving, 290 x 220cm, 2014

bis 2015 versammelt, die im thematischen Spannungsfeld von Natur und Architektur den Zwischenraum als gemeinsamen Ausgangspunkt bzw. als verbindende Klammer teilen.

ZWISCHENRAUM

DER BRITISCHE PHILOSOPH und Mathematiker Alfred N. Whitehead entwickelte in seinem Buch „Prozess und Realität" die These, dass sich der Kosmos nicht aus träger, empfindungsloser Materie zusammensetzt, wie das René Descartes für Jahrhunderte festgemacht hatte, sondern aus komplexen, ineinandergreifenden und miteinander verwobenen Prozessen und Relationen. Der gesamte Kosmos, vom Wasserstoffatom bis zum menschlichen Bewusstsein, sei geprägt von einer Struktur des Werdens, von Prozessen und Relationen,[2] die immer neue Prozesse und neue Relationen bedingten. In seiner Betrachtung des Lebewesens und seiner Umgebung gelangte er zu der Erkenntnis, dass das Leben „in den Zwischenräumen jeder lebenden Zelle" verborgen liege.[3]

Auch wenn Whitehead die Formulierung nicht metaphorisch meinte, so lässt sich daraus eine Theorie des Zwischenraums entwickeln, als dem Ort, an dem die eigentlichen Prozesse des Lebens stattfinden.[4] Er selbst vertrat die Ansicht, „daß das Leben ein Charakteristikum des ‚leeren Raums' ist", dass erst der leere Raum – der Zwischenraum – Leben konstituiere.[5]

Es sind die kleinen Spalten, Ritzen, Nischen, Lücken, Kerben, Furchen, Fugen, Risse, Löcher und Poren, in denen sich das Leben einnistet, um in fast schon ornamental zu nennenden Formen Wände und Oberflächen zu besetzen. Der Zwischenraum kann wörtlich in einem räumlichen und in einem zeitlichen Sinn verstanden werden. In seiner zeitlichen Bedeutung handelt es sich um einen Abstand zwischen zwei Vorgängen, um das Intervall zwischen zwei Augenblicken. In seinem räumlichen Verständnis bezeichnet er einen leeren Raum zwischen zwei Körpern, einen intermediären Raum, der zugleich trennt und verbindet.

Der Zwischenraum als Leerstelle, aber auch als ein transitorisches Dazwischensein, als Demarkation für Unterscheidungen, durch die Zusammenhänge erst manifest werden, leitet in eine Ausstellung ein, die in zarten Linien metaphorisch und poetisch eine „Kultur der Zwischenräume" skizziert und zugleich die Möglichkeiten des Mediums Zeichnung auslotet.

Im Begriff der Fuge wird der Zwischenraum nicht nur als Spalt zwischen zwei Teilen bzw. Materialien beschrieben, sondern konnotativ auch um das mehrstimmige musikalische Kompositionsprinzip selben Namens erweitert. In der Fuge wird ein Thema eingangs vorgestellt und anschließend zeitlich versetzt und in verschiedenen Modi wiederholt. Die musikalische Terminologie spricht passenderweise von der „Exposition", die das Motiv festlegt, das in der Folge immer wieder aufgegriffen und variiert wird. In unterschiedlichen grafischen Techniken, vom Zeichnen mit Bleistift über das Gravieren, Aufreißen und Auskratzen hin zum Einbrennen, zieht Lang ihr künstlerisches Thema durch die Ausstellung.

NATURAL COVER

LANGS ARBEITEN beruhen auf Naturbeobachtungen, im Sinne von Prozessen des Wachstums und der Anpassung, der Erkundung von Überlebensstrategien in prekären Lebensräumen, von Protokollen von Wetterphänomenen und der Wechselwirkung von menschlichen und natürlichen Räumen. Sie hält sich dabei an das Geringfügige der Natur und widmet sich in ihren Arbeiten jenen Gewächsen und Geschöpfen, die in der Enge einer Kerbe gedeihen und aus der Dunkelheit des Spalts an die Oberfläche drängen. Georg Wilhelm Friedrich Hegel schreibt, dass das Licht das äußerliche Selbst der Pflanze sei und dass sie, vom Licht hinausgerissen, demselben entgegenrankt. „*In sich* nimmt sie sich aus ihm die spezifische Befeuerung und Bekräftigung [...]."[6] Es sind Pflanzen wie der Efeu, das Mauerblümchen oder diverse Moose und Flechten, denen Langs Aufmerksamkeit gilt und deren Wachstumsstruktur sie im erweiterten Medium der Zeichnung verarbeitet. Naturalistische Darstellungen von „Unkraut" werden aus Laminatplatten gekerbt, Papier wird in der Erscheinungsform von Baumflechten aufgekratzt und -gescheuert, die Kubatur von Mauerziegeln in Papier geprägt und die florale Struktur von sogenannten „Eisblumen" in Glas graviert. Doch nicht nur Pflanzen sind heliotrope Geschöpfe, die aus der Dunkelheit ins Helle streben, sondern auch Insekten wie Motten zieht es konsequent zum Licht. In ihrer Serie *Illuminated* (2015) brennt Lang die Zeichnungen von unterschiedlichen Motten mit dem für die Insekten so anziehenden wie verhängnisvollen Element Feuer in das Papier. Die Brandings werden wie biologische Schautafeln arrangiert oder zu Schwärmen verdichtet. In ihrem Werkblock *Buchdrucker und Kupferstecher* (2014–15) greift sie das symmetrische Fraßbild von Borkenkäfern auf und formt deren Gänge im Bast plastisch in Gips nach. Das Brutsystem eines Schädlings wird zum ornamentalen Stuck und als Zierelement in den Galerieraum transferiert.

Es geht um Freiräume, an die wir nicht denken, die wir als solche nicht erkennen und die mit Leben erfüllt werden, das wir nicht beachten, und wenn, als gering schätzen. Der Zwischenraum als (H)Ort des Lebens, als Freiraum der kreativen Praxis, als Anlass und Struktur künstlerischer Arbeiten, als Metapher für gesellschaftliches Zusammenleben und zugleich als Sinnbild für das Streben nach Licht in der mannigfaltigen Vielfalt seiner Bedeutungen, ist das Wasserzeichen auf sämtlichen „Zeichnungen“ von Marianne Lang.

Am Ende der Ausstellung wird das Motiv des Hauses im Grünen nochmals in einer skulpturalen Arbeit aufgegriffen. Lang hat aus handelsüblichen Holzlatten eine Behausung gebaut, die sowohl die Form eines Campinganhängers zitiert als auch die Konstruktion eines Gartenspaliers aufweist. Der Traum vom Haus im Grünen wird damit zweifach evoziert, einerseits durch die imaginäre Fahrt in das Sehnsuchtsmotiv Natur und andererseits durch die Vorstellung, dass das Gestell aus Holzlatten in Kürze von diversen Kletterpflanzen zugerankt sein wird. Die *Laube* (2015) ist ein absurdes Hybrid, das zwischen grenzenloser Freiheit der Mobilität und selbstbestimmter Freiheit der Autarkie vermittelt und in seiner Ambivalenz die Auflösung der Grenzen zwischen Natur- und Kulturraum indiziert.

A ROOM OF ONE'S OWN

MARIANNE LANG befasst sich seit Beginn ihres künstlerischen Schaffens mit der Konstruktion von Raum, mit der Wechselwirkung von privat und öffentlich, innen und außen und den jeweiligen Wahrnehmungsmodalitäten. Sie hat das Hinterzimmer als „Trennwand zwischen der realen und der konstruierten Welt“[7] inszeniert (2008), die Vorstellungen vom eigenen Wohnraum thematisiert (2009) und sich mit den zur klassischen Inneneinrichtung gehörenden Zimmerpflanzen (2010), mit den Mustern von Wandtapeten (2011), der Struktur von Parkettböden (2011), den Fenstern als Trennwänden zwischen Interieur und Exterieur (2013) und erst kürzlich mit der Doppelfunktion von Gardinen (2016) beschäftigt. Sie hat sich mit architektonischen, soziologischen und künstlerischen Fragestellungen auseinandergesetzt und die Parameter analysiert, die Raum sowohl physisch als auch wahrnehmungspsychologisch definieren.

Bereits in ihrer Ausstellung „Zwischen Dach und Boden" in der KHG in Graz hat sie 2011 die Konventionen der Raumdefinition aufgebrochen und ein Holzlattendach nicht als Abschluss einer Architektur, sondern als verbindendes Element zwischen Boden und Decke schräg eingezogen. Mit ihrer Arbeit *on the brick* hat sie 2012 die konventionellen Bauelemente des klassischen Einfamilienhauses in den Fokus gerückt. Sie hat unterschiedliche Ziegeltypen gezeichnet, im Tiefdruckverfahren vervielfältigt und auf Paletten aus Karton gestapelt. Im Wortspiel mit der englischen Phrase „on the brick", was so viel wie „am Abgrund" oder „an der Schwelle stehen" bedeutet, signalisierte sie zudem ein subtiles Unbehagen an dieser Form des Eigenheimtraums.

Martin Heidegger hat in seiner kurzen Schrift über das Bauen, Wohnen und Denken den Raum auf seinen Ursprung und seine Etymologie hin untersucht und ihn als frei gemachten „Platz für Siedlung und Lager" definiert – „Raum ist wesenhaft das Eingeräumte, in seine Grenze Eingelassene."[8] Die Begrenzung dieses Raumes erfolgte traditionell durch Zäune und Mauern. Vilém Flusser schreibt, dass das Wort „Mauer" vom lateinischen *munire* kommt, was „sich schützen" heißt. Die Außenwand schützt vor der Natur und vor potenziellen Eindringlingen, die Innenwand wendet sich an „die Häftlinge des Hauses, um für ihre Sicherheit zu haften."[9]

Bereits in ihrer Arbeit *the fence* (2012) hat Marianne Lang mit einem lebensgroß gezeichneten Holzzaun, der beliebig lang im Raum ausgerollt und befestigt werden konnte, ironisierend die Ambivalenz von Abgrenzung und Eingrenzung, Schutz und Eingesperrtsein thematisiert. Das Wechselspiel von Innen- und Außenraum tritt auch in früheren Arbeiten wie *scalation* (2010) in Erscheinung, bei der sie Dachschindeln im Maßstab 1:1 aus Karton nachgebildet und in der Simulation eines gedeckten Daches als Bild in den Innenraum verfrachtet hat.

DOUBLE SIGHTS

DAS HAUPTAUGENMERK von Lang liegt auf der Durchdringung und Verschachtelung von Innen- mit Außenräumen und damit von natürlichen mit menschlichen Räumen. Der Zwischenraum ist ein nicht unwesentlicher Aspekt dieser Analyse. Doch welche Räume kann man im Zeitalter des „Anthropozän" noch „natürlich" nennen?

Der Mensch ist in den letzten Jahrzehnten zur dominierenden Kraft der Veränderung auf der Erde geworden. Er „verändert den Planeten nicht nur global, sondern auch so tiefgreifend und langfristig, dass dies auch in ferner Zukunft noch erkennbar bleiben wird."[10] Es gibt daher seit Jahren eine angeregte Diskussion, ob damit letztlich ein neues Erdzeitalter angebrochen ist, nämlich das des Menschen. Das Subjekt des Anthropozän ist nun wie die Jahrhunderte davor kein außenstehender Betrachter mehr, der von einem geschützten Standpunkt aus die Natur beobachtet. Es gibt keinen sicheren Ort mehr, an den man sich zurückziehen und wo man sich verstecken könnte. Es gibt keinen Ort mehr, an dem man den Schäden, die man dem System zugefügt hat, und den Kräften, die man entfesselt hat, entkommen könnte.[11] Die Grenzen zwischen der Umwelt und dem Subjekt, die Mauern zwischen Natur und Kultur sind gefallen oder – wie in den Zeichnungen von Lang – transparent geworden.

Die Art und Weise, wie wir über Natur, Raum und Architektur nachdenken, ist geprägt von der Art und Weise, wie wir über Grenzen nachdenken. Die spanische Architekturtheoretikerin Beatriz Colomina hat vor einigen Jahren in ihrem Essay „Battle Lines" geschrieben, dass der Horizont eine Grenze und diese Grenze eine innere sei – „*the horizon is an interior.*" Sie zitiert Heidegger, der meinte, dass eine Grenze nicht das sei, „wobei etwas aufhört, sondern, wie die Griechen es erkannten, die Grenze ist jenes, von woher etwas *sein Wesen beginnt.*"[12] Der Horizont definiert etwas Eingeräumtes, er setzt dem sichtbaren Raum eine Grenze, oder, wie Colomina schreibt, „er gestaltet diesen sichtbaren Raum zu einem inneren. Er verwandelt das Äußere, die Landschaft, in ein Inneres. Wie kann das von statten gehen? Nur, wenn die ‚Wände', die diesen Raum umschließen, nicht länger (ausschließlich) aus festen Steinen eines Materials, als Steinmauern, als Ziegelmauern gesehen werden."[13] Die Grenze, die den Außenraum vom Innenraum abgetrennt und damit auch definiert hat, ist aufgelöst. Raum wird zum Sichtfeld, zum „Eingeräumten", das nur durch den Horizont begrenzt ist.

Langs *Double Sights* sind demnach nicht nur als zeichnerische Umsetzungen der fotografischen Technik der Doppelbelichtung zu sehen. Sie zeigen nicht nur die

Zusammenführung von Außenwahrnehmung und Innenwahrnehmung wie die Reflexionen auf beiden Seiten einer Fensterscheibe. Die *Double Sights* zeigen das Eindringen des Außenraums in den Innenraum und die wechselseitige Überlappung und Durchdringung. In ihnen werden die Auflösung der klassischen Raumgrenzen manifest und die sukzessive Verquickung von privatem und öffentlichem Raum. Die *Double Sights* sind analytische Reflexionen über den Status der Raumgrenze im Zeitalter des Web 2.0, in dem wir Privatsphäre und Intimraum freiwillig preisgeben, Grund- und Persönlichkeitsrechte zunehmend korrodieren und Begrenzungen mehr und mehr ein Effekt der Medien werden.[14] Die Arbeiten sind auf den ersten Blick von einer stillen und poetischen Ausstrahlung getragen, doch im Kern von einer höchst politischen Brisanz.

Das Haus wurde immer wieder als Erweiterung des Körpers gesehen, das Zimmer, die Wände eines Raumes als die äußerste Haut des Menschen. Entfernt man die Wände des Zimmers, wäre das gleichwertig mit dem schutzlosen Ausliefern unseres Innersten.[15] Auf den Zeichnungen der *Double Sights* sieht man keinen Menschen, sondern nur seine Perspektive. Der Mensch selbst ist der Zwischenraum, die Schnittstelle, wo einmal eine Grenze war, jene nicht zu definierende Passage zwischen dem Innen und Außen, der Ort der Bilder.[16]

[1] Vilém Flusser: Häuser bauen, in: ders., *Medienkultur*, Frankfurt/Main 1997, S. 160–163, S. 160.

[2] Vgl. Alfred N. Whitehead: *Prozeß und Realität. Entwurf einer Kosmologie* (1929), Frankfurt/Main 2006, S. 58.

[3] Vgl. Whitehead 2006, S. 206.

[4] Isabelle Stengers denkt diese Überlegungen von Whitehead mit der Einzigartigkeit menschlicher Gesellschaften zusammen und spricht von einer „Kultur des Zwischenraums". Vgl. Isabelle Stengers: *Thinking with Whitehead. A Free and Wild Creation of Concepts*, Cambridge 2011; vgl. auch Didier Debaise: The Living and its Environments, in: *Process Studies 37/2* (2008), pp. 127–139.

[5] Vgl. Whitehead 2006, S. 105; *"The conclusion to be drawn from this argument is that life is a characteristic of 'empty space' and not of space 'occupied' by any corpuscular society."* (Ebda.)

[6] Georg Wilhelm Friedrich Hegel: Werke. Neu ed. Ausg. d. Werke v. 1832 – 1845, Bd. 9: *Enzyklopädie d. philos. Wiss. im Grundrisse 1830. T. 2. Die Naturphilosophie*, Frankfurt/Main 1974, S. 412.

[7] Johannes Kubin, zitiert nach: http://www.mariannelang.at/hinterzimmer.html, 25. September 2016

[8] Vgl. Martin Heidegger: Bauen Wohnen Denken, in: ders.: *Gesamtausgabe. I. Abteilung: Veröffentlichte Schriften 1910-1976. Band 7. Vorträge und Aufsätze*, Frankfurt/Main 2000, S. 145–164, S. 156.

[9] Vgl. Flusser 1997, S. 161.

[10] Christian Schwägerl, Anthropozän. Vom Gehalt einer neuen Idee, in: *Landschaft. Konstruktion einer Realität*, Köln 2015, S. 340–345, S. 341.

[11] Vgl. Bruno Latour, Sharing Responsibility: Farewell to the Sublime, in: Bruno Latour/Christophe Leclerq (Hg.): *Reset Modernity!*, Karlsruhe 2016, S. 167-171, 170.

[12] Heidegger 2000, S. 156.

[13] Beatriz Colomina, Battle Lines, in: John Welchman (Hg.): *Rethinking Borders*, Minneapolis 1996, S. 51–64, S. 51.

[14] Vgl. Colomina 1996, S. 52.

[15] Vgl. Georges Teyssot, Water and Gas on All Floors. Notes on the Extraneousness of the Home, in: Chiara Briganti/Kathy Mezei (Hg.): *The Domestic Space Reader*, Toronto 2012, pp. 147–150, p. 148.

[16] Vgl. Hans Belting: *Bild-Anthropologie. Entwürfe für eine Bildwissenschaft*, München 2001, S. 12.

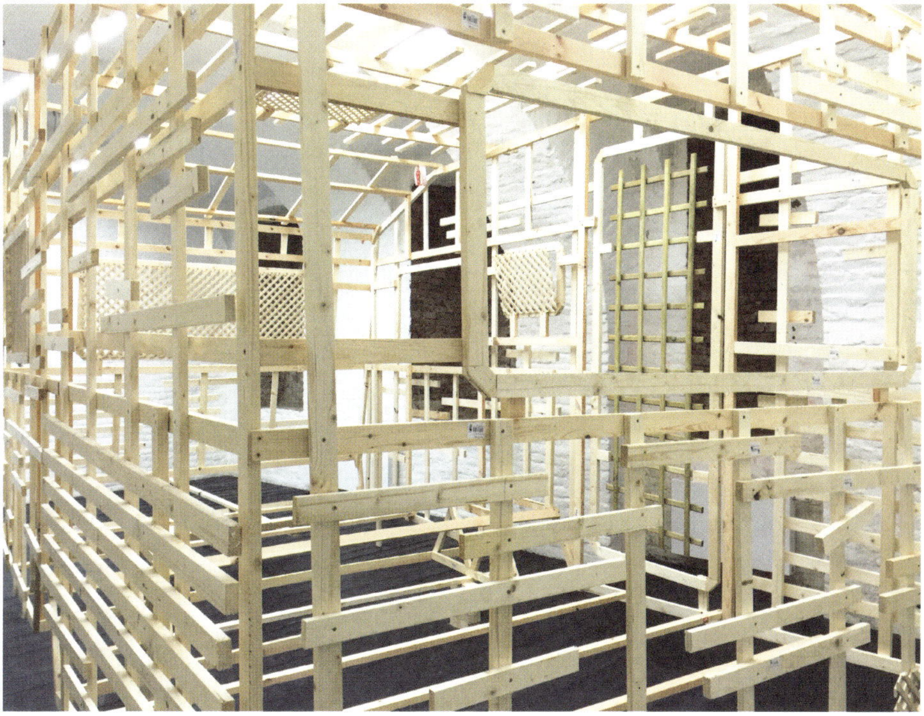

Laube / Arbour
Holzspalier / wooden trellis, 500 x 250 x 280 cm, 2015

MARIANNE LANG – HOUSE IN THE OPEN

Thoughts on an Exhibition

Roman Grabner

One time there was a picket fence
with space to gaze from hence to thence.
An architect who saw this sight
approached it suddenly one night,
removed the spaces from the fence,
and built of them a residence.
[...]
Christian Morgenstern
Trans. Max Knight

HOUSE IN THE OPEN, by Marianne Lang, is perhaps not that architectural wonder described by Christian Morgenstern, made up exclusively of in-between spaces.

It is a humourful observing, playing with the in-between spaces and the demarcation of boundaries to which Ms Lang's constructs owe their thanks. In this game no architectural bodies are shown; instead, building frames are replaced by organic matter; by rampant plant growth sprouting out of recesses and alcoves. A house which normally consists of "a roof, of walls with windows and doors"[1], no longer exists. Ms Lang has transformed observation into creation, literally letting whole buildings disappear under an abundant layer of plant growth. She has eliminated the static construct of spaciality. Organic growth now creates a structural body suggestive of a building – the shell has been enveloped. The title *House in the Open* does not denote a particular architecture per se, but much more examines how nature reclaims man-made constructions. It reflects on forms in organic growth, whilst humorously conjuring up the motif of man's longing for a harmonious life in the country.

At the same time the works appear as a winking reference to the contemporary fashion for green architecture; the tendency of creating not only sustainable concepts through the greening of wall facades, but also vertical gardens. A good example of a green designer is Patrick Blanc, a French garden architect, with his living walls created for Jean Nouvel or Herzog & de Meuron.

Ms Lang also uses the title *House in the Open* as the name for her exhibition in Galerie bäckerstrasse4, for which she collected both individual and series of work spanning the period 2012–15. These works deal with the thematic tension between nature and architecture, using the space in-between as a common point of departure, i.e. as a hyphenated connector.

THE IN-BETWEEN SPACE

THE BRITISH PHILOSOPHER and mathematician Alfred N. Whitehead propounds in his book *Process and Reality* the theory that the cosmos is made up, not of inert insensitive matter as, for hundreds of years the propositions of René Descartes had led us to believe, but of complex interrelated and interwoven processes and relationships.[2] The whole of the cosmos, from hydrogen atoms to the consciousness of mankind, is influenced by a structure of becoming, by processes and relationships, which in turn continually cause new processes. In his observation of living organisms and their surroundings, he concludes that "Life lurks in the interstices of each living cell."[3] Even if Whitehead didn't intend a metaphorical interpretation of his words, a theory of interstices can nonetheless be formulated as the space where the actual processes of life take place.[4] He himself states that, "life is a characteristic of 'empty space'", that it is first the empty space – the interstices – that constitutes life.[5]

It is in the small cracks, crannies, crevices, chinks, nooks, notches, gaps, furrows, ruts, holes and pinholes where life takes root, occupying – to give it a name – walls and surfaces in almost ornamental forms. The interstices can literally be interpreted as being between spaces or between time(s). In its temporal meaning it refers to a gap between two processes, the interval between two blinks of an eye. In its spatial meaning it describes an empty space between two bodies, an intermediary space, which separates and joins at the same time.

The in-between space as an empty space, but also as a transitory in-betweenness, as a demarcation for differentiations manifesting an initial connection, is being introduced in an exhibition. At the same time metaphorically and poetically "a culture of interstices" is being sketched in delicate lines as a means of fathoming the possibilities of the medium of drawing. Looking at the word "fugue" we see it has two meanings. It not only entails the concept of the in-between space as a division between two parts, i.e. materials, but also carries the extended connotation of the fugue in music. A fugue is sung in parts. In a fugue a theme is introduced and then successively repeated at various intervals and in different modes. In musical terms this is aptly designated as an "exposition", where the motive once established is again and again repeated in numerous variations. By varying her graphic techniques Ms Lang draws her artistic theme through her exhibition from pencil drawings to engravings, from tearing and gouging to fire-branding.

NATURAL COVER

MS LANG'S WORK is based on her observations of nature; by this we mean the processes of growth and adaptation, the exploration of survival strategies in precarious living habitats, the records of weather phenomena and the interaction between man-made and natural spaces. Concentrating on the marginal aspects of nature, she dedicates her work to those plant growths and creatures which thrive in tiny grooves and dents, pushing themselves through the darkness of a crevice to the surface. Georg Wilhelm Friedrich Hegel writes that "The plant brings forth its light as its own self, and being torn from light sends out its tendrils back towards it … it takes its specific fire and strength from it."[6] It is plants such as ivy, the modest wallflower or the diverse mosses and lichens which have caught Ms Lang's interest and whose stages of growth she extensively examines in the medium of drawing. Naturalistic representations of "weeds" are gouged out of laminate board – paper, in its original lichen-like forms, is scratched and chafed open, the rectangular shape of bricks is pressed into paper, and the floral structure of so-called ice-flowers is engraved into glass. But it is not only plants that are heliotropes [sun-following organisms] reaching from darkness to light; insects such as moths are also invariably attracted to light. In her series *Illuminated*, Ms Lang, using the element of fire – so fatal for moths – burns her drawings into paper. These "brandings" are then arranged as organic displays or condensed into swarms. In her block of works *Buchdrucker und Kupferstecher* (*Bark Beetle Printing*), the artist reproduces in plaster the symmetrical tunnellings of bark beetles, sculpting their chewed trails through bast fibres. The hatching system of a pest is morphed into an ornamental piece to be later transferred to the gallery as a decorative element.

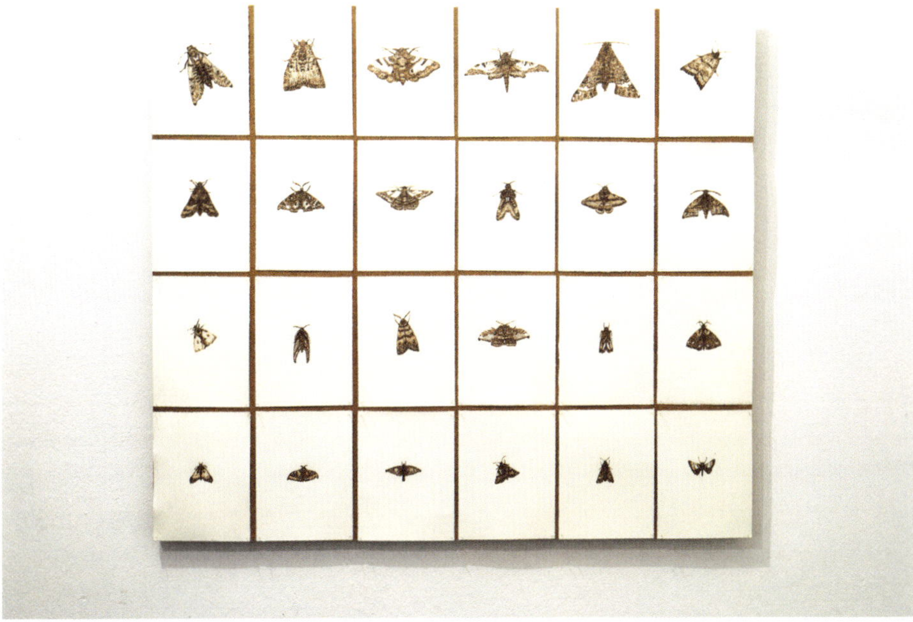

Morituri te salutant

Serie, Brandgravur auf Papier / series, burned engraving on paper, je / each 25 x 19 cm, 2015–2017

It is all about open spaces; spaces we don't think about, which we don't recognise as such and that become filled with life which we don't notice, and when we do we fail to appreciate. The space in-between is the hallmark of all of Marianne Lang's "drawings". It is a (re-)fuge for life, a free zone for creative practices where interstices are not only motive and structure for her artistic works but also a metaphor for social coexistence. It is a symbol for striving towards the light in the manifold variety of its meanings. The theme of *House in the Open* is re-examined at the end of the exhibition. This time as a sculpture. Ms Lang uses everyday commercial wooden slats to construct a shelter invoking both a camping trailer as well as a garden trellis. The dream of a house in the country is doubly evoked: on the one hand, an imaginary trip into our yearned-for concept of "nature" and on the other, the idea that climbing plants will very shortly have overrun the slats. The *Laube* (*Arbour,* 2015) is an absurd hybrid, indicating just how the ambivalent borders between nature and our cultural enclaves are being dissolved by means of the unlimited freedom that mobility avails, and an invoked self-determined freedom of our self-sufficiency.

A ROOM OF ONE'S OWN

SINCE MARIANNE LANG first started working as an artist she has been experimenting with the construct of spaces – the interaction between private and public, interior and exterior domains and their respective modes of perception. She sets up a backroom as a "partition between the real and the construed world"[7] (2008); she deals with conceptions of her own living space (2009) and experiments with the now classical interior decoration of house plants (2010); with designs on wallpaper (2011); with patterns in parquet flooring (2011); with windows as partitions between interiors and exteriors (2013) and just recently with the double functioning of curtains (2016). She delves into themes posing questions in the realms of architecture, society and the arts and analyses the parameters of spatiality as defined by physical as well as psychological perceptions.

Ms Lang had already started her break with the conventional definitions of space as early as 2011, in her exhibition *Zwischen Dach und Boden* (*Between Rooftop and Floor*) and at the KHG Gallery in Graz, where she introduced an angled wooden -slat roof, not as an end statement of an architectural piece, but as a connecting element between floor and ceiling. In 2012 she focused on the conventional building elements of the classical family home with her work *On the Brick*, where she first drew different types of bricks and then stacked them in and on pallets made of pasteboard. The title being a pun on "on the brink" – on the point of falling into the abyss – whereby Ms Lang signals a subtle unease with the dream of owning one's own home. Martin Heidegger, in his short writings *Building, Dwelling and Thinking*, etymologically defined "space" as a place cleared or freed "for settlement and lodging". "Space is in essence that for which room has been made, that which is let into its bounds."[8] The enclosing of space is achieved by the constructions of fences and walls. Vilém Flusser writes that the German word "Mauer" (stone or brick walls) comes from the Latin *munire* meaning "to shelter". The outside wall provides shelter from the threats of nature and potential intruders; the inside wall encloses those held within its confines; "the prisoners of the house, to ensure their safety".[9]

As early as 2012 in her humourful work *The Fence* Marianne Lang broaches the issue of the ambivalence between enclosing and demarcating, protecting and imprisoning. She draws a life-sized wooden fence, randomly attaching and rolling it out in a room. This interplay between interiors and exteriors is also present in her earlier works such as *Scalation* (2010), where Ms Lang constructs roofing shingles out of pasteboard – creating a simulated roof to a scale of 1:1, and bringing this (drawing) into an interior space.

DOUBLE SIGHTS

MS LANG mainly focuses on the piercing and interleaving between internal and external spaces; spaces which encompass the realms of both mankind and nature. The in-between space is not an unimportant aspect of this analysis, but in the geological age of the Anthropocene, what can still be called natural?

In the last few decades mankind has become the dominating power of change on Planet Earth. Human activities have "changed the planet not only globally, but also to such a significant and long-term extent, that these changes will also be felt in the distant future"[10]. For years now an energetic discussion has been going on as to whether the term for a new geological era, with man as the subject – the Anthropocene Era – should be adopted.

The idea being that mankind is no longer, as was the case for centuries, the observer in the wings, watching nature from a protected vantage point. No longer is there a safe place where mankind can run and hide. No longer is there a place where mankind can escape the damage he/she has imposed upon the natural scheme of things or escape from the powers which he/she has set free.[11] The borders between the environment and the subject, the walls between nature and the culture of mankind have fallen or, as in Lang's drawings, become transparent.

The way we think about nature, space and architecture is shaped by the way we think about boundaries. A few years ago the Spanish architectural theoretician Beatriz Colomina stated in her essay "Battle Lines" that the horizon is a boundary, and that this "horizon is an interior". She quotes Heidegger, who states that the horizon is not that at "which something stops but, as the Greeks recognized, that from which something *begins its presencing*"[12]. The horizon defines something which is enclosed; it marks a limit to the space of what can be seen, or, as Colomina expresses: it organises this visual space into an interior. The horizon makes the outside, the landscape, into an inside. How could this happen? Only if the "walls" that enclose the space cease to be thought of (exclusively) as solid pieces of material, as stonewalls, as brick walls.[13]

The borders, which separate the external spaces from internal spaces and which thereby define them, have become dissolved. Space becomes the "enclosure" of the field of vision delineated by the horizon.

Ms Lang's *Double Sights* are not simply to be seen as drawn renditions of photographic double exposures. Her works do not only show the merging of external and internal perceptions, like the reflection on both sides of a windowpane, but also show how the exterior forces its way into the interior, displaying a mutual overlapping and penetration of elements. The dissolving of classical boundaries and the successive fusion between private and public domains become manifest in her drawings. *Double Sights* are analytical reflections dealing with the status of boundaries in our Web 2.0 [*social-document-sharing application*] era in which we freely disclose our intimate lives and private spaces, where, more and more, our private and fundamental civil rights are being corroded away and limitations are becoming an effect of the media.[14] Upon first sight the works appear to radiate a quiet and poetic atmosphere but at their core they carry a highly political volatility.

Houses have again and again been seen as an extension of the body, with rooms or the walls of a room as the uppermost layer of the skin. Taking away the walls of the room would be equivalent to exposing our innermost vulnerable being.[15] In *Double Sights*, not people but their frames of reference are visible. It is the individual who is "the space in-between"; the interface where there once was a boundary; that non-definable passage between interior and exterior; the place where drawings are conceived.[16]

[1] Vilém Flusser, Häuser bauen. In: Ders., *Medienkultur.* Frankfurt/Main 1997, pp. 160–163, p. 160.

[2] Cf. Alfred N. Whitehead, *Prozeß und Realität. Entwurf einer Kosmologie* (1929). Frankfurt/Main 2006, p. 58.

[3] Whitehead 2006, p. 206.

[4] Isabelle Stengers thinks that these thoughts of Whitehead's, together with the uniqueness of human societies, speak of a "Culture of Interstices". Cf. Isabelle Stengers, *Thinking with Whitehead. A Free and Wild Creation of Concepts,* Cambridge 2011. Cf. Didier Debaise, The Living and its Environments. In: *Process Studies 37/2* (2008), pp. 127–139.

[5] Whitehead 2006, p. 105. "*The conclusion to be drawn from this argument is that life is a characteristic of 'empty space' and not of space 'occupied' by any corpuscular society.*"

[6] Georg Wilhelm Friedrich Hegel, Werke. Neu ed. Ausg. d. Werke v. 1832 – 1845. Bd. 9. *Enzyklopädie d. philos. Wiss. im Grundrisse 1830. T. 2. Die Naturphilosophie.* Frankfurt/Main. 1974, p. 412.

[7] Johannes Kubin. Quoted from: http://www.mariannelang.at/hinterzimmer.html, 25 September 2016.

[8] Martin Heidegger, Bauen Wohnen Denken. In: ders. *Gesamtausgabe. I. Abteilung: Veröffentlichte Schriften 1910–1976. Band 7. Vorträge und Aufsätze.* Frankfurt/Main 2000, p. 145–164, p. 156.

[9] Flusser 1997, p. 161.

[10] Christian Schwägerl, Anthropozän. Vom Gehalt einer neuen Idee. In: *Landschaft. Konstruktion einer Realität.* Köln 2015, pp. 340–345, p. 341.

[11] Cf. Bruno Latour, Sharing Responsibility: Farewell to the Sublime. In: Bruno Latour/Christophe Leclerq (eds.), *Reset Modernity!* Karlsruhe 2016, pp. 167–171, p. 170.

[12] Heidegger 2000, p. 156.

[13] Beatriz Colomina, Battle Lines. In: John Welchman (ed.), *Rethinking Borders.* Minneapolis 1996, pp. 51–64, p. 51.

[14] Cf. Colomina 1996, p. 52.

[15] Cf. Georges Teyssot, Water and Gas on All Floors. Notes on the Extraneousness of the Home. In: Chiara Briganti/Kathy Mezei (eds.), *The Domestic Space Reader.* Toronto 2012, pp. 147–150, p. 148.

[16] Cf. Hans Belting, *Bild-Anthropologie. Entwürfe für eine Bildwissenschaft.* München 2001, p. 12.

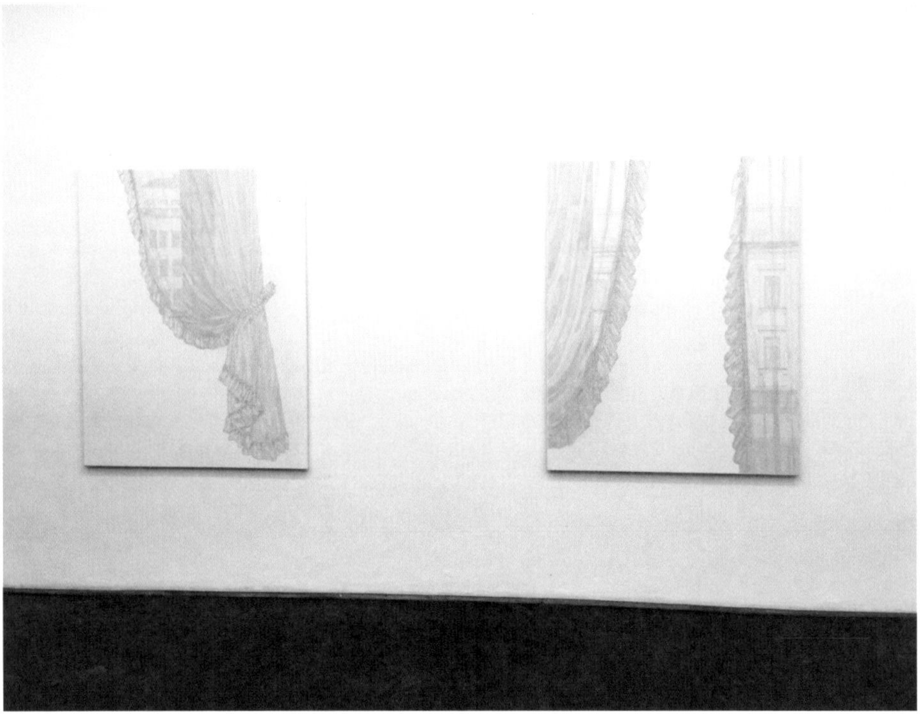

Gardine / A Curtain

Serie, Silberstift auf Leinwand / series, silverpoint on canvas, 150 x 120 cm, 2016

ZU MARIANNE LANGS SERIE GARDINE

Margareth Otti

DIE SERIE *Gardine* entstand 2016 mit Silberstift auf grundierter Leinwand der Größe 150 auf 120 cm. Zu sehen ist auf den Bildern eine Gardine, ein durchsichtiger Vorhang. Da dieser mit Rüschen und Faltungen versehen oder an die Seite gerafft ist, befindet er sich wohl in einer etwas altmodischen Wohnung. An diesem imaginären Innenraum scheint das Paradigma der Schnörkellosigkeit der Moderne spurlos vorübergegangen zu sein. Es ist möglicherweise ein Fenster, durch das man blickt. Der Blick auf und durch die Leinwand aus dem Fenster beinhaltet eine surreale Sinnestäuschung: Nur durch den feinen Stoff der Gardine sieht man Gebäude, vielleicht eine Stadt. Erkennbar sind die mehrstöckigen Häuser ausschließlich durch den Schleier des Stoffes. Nicht jedoch durch das eigentliche Fenster, das üblicherweise hinter einem Sichtschutz den Blick freigibt. Was ist da zu sehen?

In einer Galerie öffnet sich mit dem Betrachten der *Gardine* ein Fenster auf der weißen Wand, in der an sich Öffnungen nicht erwünscht sind, um möglichst den institutionellen, reinen White Cube frei von Störungen zu belassen. In Pompeji waren die Räume der Atriumhäuser, genannt *cubiculi*, ebenfalls häufig fensterlos. Die Schlafzimmer des altitalienischen Atriumhauses erhielten ihr Licht nur durch die Tür. Fenster gab es dennoch: *al fresco* wurden diese neben mythologischen Geschichten auf die Wand gebracht. Im „Haus des Jason" zeigt eine Wandmalerei von etwa 50 v. Chr. die griechische Sagenfigur Phaedra und über ihr eine gerahmte Fensteröffnung, vor der sich ein eleganter roter Vorhang seitlich rafft und den Blick auf eine bläuliche Fläche, möglicherweise den Himmel, freigibt.[1] Dieses Fenster bietet einen illusionistischen Ausblick, vielleicht funktioniert es als reine Dekoration, vielleicht birgt es aber auch eine symbolische Fluchtmöglichkeit für Phaedra. Oder es dient als Ausblick in eine andere Welt, als eine Projektionsfläche für die Bewohner des Hauses und eine Reflexion ihrer Zeit.

BILD. FENSTER.

DAS FENSTER steht seit Albertis Traktat *De pictura* von 1435 symbolisch für die neue Ordnung in der Malerei durch Geometrie und Zentralperspektive. Die rahmenartigen Hilfskonstruktionen der Maler aus Holz zur Konstruktion der Perspektive ähnelten Fenstern; das Bild selbst gilt als Fenster. Die perspektivischen Fluchtlinien machen die Bildoberfläche durchsichtig, das Bild ist ein illusionärer Tiefenraum, der Bilderrahmen zugleich ein Fensterrahmen. Dieses illusionistische Renaissancebild hält sich bis ins 19. Jahrhundert und wird auch von der Fotografie übernommen, bis ab 1860 Eduard Manet und in der Folge die Impressionisten die Bildoberfläche wieder opak werden lassen. Das Bild wird blind. Auch Claude Monets *La capeline rouge, Portrait de Mme Monet* von 1868–1878 ist flach, obwohl darauf ein mit losem Pinselstrich gemaltes Fenster und eine Gardine zu sehen sind.

Im Kubismus scheinen die Gegenstände sogar aus dem Bild herauszutreten, bei Robert Delaunays *La tour aux rideaux* von 1910 springen die beiden weißen, auf die Seite gerafften Vorhänge und die dunklen Schatten in den Faltungen im Bildvordergrund heraus und öffnen sich theatralisch für den in einer Staubwolke heranstürmenden Eiffelturm. Ab der Moderne des 20. Jahrhunderts isoliert die bildende Kunst das Motiv des Fensters und interpretiert dessen Sinn und Sein: Blickrichtungen werden irritierend gewendet, innen und außen vertauscht. Ohne umgebende Architektur und Blick in eine Landschaft wird es dekonstruiert, wie in Marcel Duchamps *Fresh Widow* 1920 und *La Bagame d'Austerlitz* von 1921; oder abstrahiert, wie in Henri Matisses *Porte-fenêtre à Collioure* von 1914 oder Ellsworth Kellys *Window* von 1949. In der Konzeptkunst zeigt sich das Motiv installativ, wie in Joseph Kosuths *One and three windows* von 1965 und in Gerhard Richters *7 Stehende Scheiben* von 2002.

Das Fenster wird in seine Einzelteile zerlegt, deren Interpretationen seine symbolische Bedeutung als Öffnung in eine andere Welt noch verstärken, dennoch bleibt das Fenster in den erwähnten Arbeiten in seinen Elementen als Motiv vollständig. Die Gardine jedoch zeigt einen Bildausschnitt, so als hätte man in einem Computerprogramm wie Photoshop in das Bild gezoomt. Unseren Sehgewohnheiten erscheinen heute Bildausschnitte durch die Lupe am Screen als alltäglich, während im 20. Jahrhundert ein Bildausschnitt immer eine bewusste Komposition und Konstruktion bedeutete. Ebenso alltäglich ist die Möglichkeit, aus einem Foto einfach einen Teil herauszuschneiden, eine Leerstelle zu schaffen, so wie in der *Gardine* die Leerstelle auf der Leinwand *ausgeschnitten* ist. Die Vervollständigung des Fensters und des Ausblicks bleibt dem Publikum überlassen. Das Verdeckte und Ausgeschnittene kann der Betrachter durch gedankliches Herauszoomen erkennen.

VORHANG. WELTBILD.

DIE *SIXTINISCHE MADONNA* von Raffael von 1512/13, eines der berühmtesten Gemälde, wird von einem grünen, himmelsgleichen Vorhang theatralisch inszeniert.[2] Der schwere, vornehme Stoff lässt die zarte Vorhangstange ziemlich durchbiegen; viele Ringe sind notwendig, um den Blick auf die Madonna mit Kind und die Engelsköpfchen im Hintergrund freizugeben.

Der rechte Vorhang ist exakt in derselben Art gerafft wie eine Gardine von Marianne Lang, und der genaue Betrachter erkennt am rechten Rand im Hintergrund ein Gebäude.[3] Der Vorhang teilt das Bild nicht nur in links und rechts, sondern auch in Diesseits und Jenseits, Bildvordergrund und Bildhintergrund. Die Bildkomposition der Gardine bleibt dagegen uneindeutig. Zwar ist die Gardine als Stoff realistisch gezeichnet, so wie Plinius beschreibt, dass der Maler Parrhasius einen Vorhang so detailgetreu gemalt hätte, dass sein Wettstreiter Zeuxis verlangt habe, der Stoff solle gelüftet werden, um das Bild betrachten zu können.[4] Man sieht in der Gardine aber weder Vorhangstange noch Elemente des Fensters, alles bleibt fragmentarisch, eine Andeutung. Auch Vordergrund und Hintergrund sind reine Interpretation, Bildtiefe ergibt sich erst aus der Vorstellung des Betrachters. Die Stadt hinter dem Vorhang kann ein Blick durch ein Fenster sein, vielleicht deutet sie aber eine surreale Fantasie an, ein Traumbild, das unsere Sehgewohnheiten irritiert. Der Vorhang thematisiert das Fenster als einen Durchblick in eine andere Wirklichkeit, er symbolisiert aber auch einen Sichtschutz, der den eigentlichen Blick auf die Wahrheit, die Zukunft oder das Ziel versperrt und der weggeschoben werden muss, um klarer zu sehen.

Als revolutionär gilt die Darstellung eines Vorhangs im 17. Jahrhundert: *Die Heilige Familie* mit dem Vorhang, 1646 von Rembrandt gemalt, markiert eine Zäsur in der Rezeptionsästhetik. Erstmals wird der Vorhang *vor* dem Bild dargestellt, ein *Trompe-l'oeuil* und eine Verdoppelung der damals vor Bildern angebrachten echten Vorhänge. Zudem wollte Rembrandt vermutlich das Publikum mit seiner täuschend echten Malkunst beeindrucken. Ein gemalter goldener Rahmen fasst hinter dem Vorhang die Familie in dem schlichten Inventar ein und bildet eine sehr theatralische Inszenierung, eine Art Guckkastenbühne für die in Rembrandts Zeit verortete Darstellung von Maria,

Josef und Kind. Das entfernte Türfenster im Hintergrund verschmilzt mit den Schatten der Natur, es ist nicht genau feststellbar – wie bei den *Gardinen* – ob man sich in einem Innen- oder Außenraum wiederfindet. Der Rahmen, der Vorhang und die Türkonstruktion demonstrieren eine Verdoppelung des Bildes als durchsichtige Oberfläche, als Fenster in eine ideelle Zukunft: Wohin schauen die Betrachter? Auf ein duales Weltbild, in dem die Mitglieder der heiligen Familie als arme Menschen unter ihresgleichen weilen und privilegierte Betrachter den Vorhang lüften.

LEERSTELLE. REPOUSSOIR.

EINE DER ZEICHNUNGEN von Marianne Lang zeigt den zarten transparenten Stoff links und rechts am Bildrand, so wie man es von einem üblichen (vielleicht Wiener) Altbaufenster kennt. Die Stores verbergen und offenbaren zugleich den Blick auf die Fenster der Gebäude gegenüber. Das Fenster, durch das man schaut, spiegelt sich in dem, worauf man schaut. In der Mitte des Bildes bleibt eine Leerstelle. Die Leerstelle ist ein Begriff der Literaturtheorie[5] und wurde von Wolfgang Kemp[6] in die bildende Kunst übertragen, wo sie eine Form der Integration des Betrachters in den Bildraum darstellt. Die Leerstelle bietet als eine undefinierte, freie Zone einen Platz für den Schauenden und lässt ihn am Geschehen im Bild teilhaben. In der Gardine ist diese Leerstelle offensichtlich: Der Betrachter ist die Person, die auf/durch die Leinwand schaut. Aber worauf schaut man? Auf eine grundierte Leinwand, eine leere, homogene Oberfläche, eingerahmt von einem feinen Vorhang. Leere, glatte Oberflächen sind omnipräsent in unserer Zeit. Wir klappen unser Werkzeug auf, und uns erwartet eine undefinierte, inhaltsleere Oberfläche, bereit, mit Bildern und Fenstern gefüllt zu werden. Die Fenster der Gegenwart, auf und durch die wir heute ständig schauen, sind Oberflächen in Form von *touch screens*, Fenster von Windows oder anderen Programmen, Bildschirme: leere Oberflächen, die, wenn man den Vorhang beiseiteschiebt, Blicke auf schier unendliche Bilderwelten preisgeben. Der Bildschirm ist das neue Fenster zur Welt. Der Mensch vor dem Bild(-schirm) wird zu einer im Bild(-schirm) implizierten Person, einer Rückenfigur, die aus dem und auf die Fenster schaut, einem *Repoussoir.*[7]

Rückenfiguren, die durch ein Fenster oder auf eine Landschaft schauen, finden sich häufig in Bildern der

Romantik.[8] Auch das offene Fenster ist als Motiv neu und fand großen Anklang als Symbol für den Zeitgeist, wie in Caspar David Friedrichs *Blick aus dem Atelier des Künstlers (rechtes Fenster)* von 1805/06 und dem zeitgleich entstandenen *Blick aus dem Atelier des Künstlers in Dresden auf die Elbe (linkes Fenster)*, in denen der Künstler den Betrachter als die Figur am Fenster besetzt. Diese zwei Arbeiten zeigen weder eine großartige Landschaft als Ausblick noch sind sie Darstellungen von besonderer Inneneinrichtung. Sie zeigen geöffnete Atelierfenster, deren Schlichtheit und unprätentiöser Inhalt den Nerv der Zeit trafen: das Sehnen der Romantik. Auch die Gardine bildet kein Interieur und keine Landschaft ab, sondern viele Fenster, im imaginierten Bildvordergrund auf Höhe des Betrachters und im Hintergrund verschleiert. Viele Fenster und Blicke: eine Analogie zu uns, die wir als gebeugte Rückenfiguren am Bildschirm sitzen, dem gegenwärtig beliebtesten und aktuellsten Fenster. Oder wir gehen, die Augen unablässig auf ein kleines Fenster in unserer Hand gerichtet, blind und abwesend durch die Stadt. Viele Programmfenster überlappend oder nebeneinander geöffnet, schauen wir sehnsüchtig in eine andere Welt. Die Architektur im Bildhintergrund der *Gardine* könnte eine Metapher für die virtuellen Gebäude sein, die uns heute umgeben.

MATERIAL. INHALT.

IN LANGS ZEICHNUNGEN verbinden sich Zeichenmaterial und Inhalt besonders glücklich. Lang experimentiert mit ungewöhnlichen Techniken wie der Brandzeichnung, Holzeinlegearbeiten auf Papier, Ritzungen und arbeitet mit Silberstift oder weißer Kreide. Die gewählte Technik und das Motiv harmonieren auf eindrucksvolle Weise, und die exakt ausgeführten Zeichnungen wirken in der jeweiligen Arbeitsmethode besonders geheimnisvoll. In diesem Fall arbeitet sie mit Silberstift, der die faszinierende Eigenschaft besitzt, dass die hellgrauen Linien mit der Zeit in ein tiefes Anthrazit nachdunkeln. Das Zeichnen erlaubt keine Fehler, denn es kann nicht radiert werden, und jede Ausbesserung ist eine Irritation. Die Herstellung der vier Arbeiten der Serie *Gardine* erfordert großes zeichnerisches Können und die Fähigkeit, sehr langsam zu arbeiten und sich kontemplativ in das Zeichnen zu vertiefen. Der Silberstift wird zuerst, einem Schleier gleich, sehr zart aufgetragen, wie auch der Inhalt der Zeichnung einen Schleier zeigt. Der Zeichenstrich fügt sich in kleinen Schritten zu flächigen Farbfeldern und Schattierungen des realistisch wirkenden Gardinenstoffes, der die für eine Zeichnung sehr große Fläche von 150 auf 120 cm füllt. Selbst in der Arbeitsweise gibt es bemerkenswerte Analogien zu Caspar David Friedrich: Die Zeichnungen Friedrichs sind in Sepia auf Papier, in graubrauner Tusche, die umsichtig und genau aufgetragen werden muss, um den dargestellten Wechsel von Licht und Schatten zu erhalten. Auch diese Zeichentechnik ist mühevoll und erfordert Akribie und Geduld: Drei Jahre arbeitete Friedrich an den sechs *Blicken aus dem Atelier*, von denen zwei erhalten sind.

INNEN. AUSSEN.

FENSTER SCHAFFEN VERBINDUNGEN zwischen Außen- und Innenräumen, dem Familiären und dem Unbekannten, ohne die Trennung dieser Räume jedoch ganz aufzuheben. Friedrichs nüchterne Wiedergabe des Fensters als Schwelle zwischen nah und fern stellte die ideale Metapher für unerfülltes Sehnen dar. Man ist drinnen und sehnt sich nach dem entfernten Draußen. Auch die *Gardine* ist ein Sehnsuchtsbild: Etwas hinter einem Vorhang Verborgenes reizt die Neugier; die Verhüllung ist Verheißung und zieht die Blicke an. Das Ziel der Sehnsucht wird jedoch definiert durch das Nicht-Angestrebte, das Verdeckte. Die Häuser der Stadt hinter dem Schleier erscheinen nicht als das Ziel des Wollens. Das Sehnen zielt auf das Dazwischen, das Freigebliebene, das Undefinierte.

Rene Magrittes *Éloge de la dialectique* von 1937, „Das Lob der Dialektik", zeigt eine surrealistische Illusion, die mit der Wahrnehmung von Architektur und dem Blick aus dem Fenster spielt: Der Blick durchs Fenster in ein Zimmer hinein offenbart wieder ein Haus. Das Fenster ist geöffnet, und der exakt wie in der *Gardine* geraffte und gerüschte Vorhang führt perspektivisch in einen Innenraum, ein Zimmer. Er gibt den Blick frei auf ein Gebäude, exakt wie jenes, auf dessen Fassade man schaut. Ein *Mise-en-abyme*, ein Bild, das sich selbst enthält: Wenn wir ein Fenster öffnen, sehen wir unzählige weitere zu öffnende – Instagram, Facebook, Tumblr, Pinterest und Google-Bildersuche zeigen es uns vor. Wie zwei Spiegel, die einander gegenüberstehen und den Blick in das Unendliche verdoppeln, stehen wir vor einem etwas unheimlichen Ort mit der Herausforderung, immer weiter und weiter zu schauen. Es ist eine Übersteigerung der Ambivalenz des Verhältnisses von Innenraum und Außenraum, in der der Mensch verloren gegangen zu sein scheint. Magritte arbeitet malerisch gegen die Gesetze der Logik. Der Blick durch ein Fenster in einen Raum offenbart ein Haus: Man sieht gleichzeitig zum Fenster hinein und hinaus.[9] „So sehen wir die Welt. Wir sehen sie außerhalb unserer selbst und haben doch nur eine Darstellung von ihr in uns",[10] schreibt Magritte und fordert wie die Zeichnung *Gardine* vom Betrachter eine theoretische, dialektische Auseinandersetzung mit dem Innen und dem Außen, mit nah und fern, dem Ich und den Anderen, dem Gestern und dem Heute, der Realität und der Imagination, dem Bild und der Erwartung.

WINDOWS. OUTLOOK.

SYMPTOMATISCH FÜR DEN RAUM ohne Öffnungen, verdeckt von einem Vorhang, der endlich keine Fenster beinhaltet, die uns herausfordern, ist die räumliche Installation *Saal*, die 2011 von Thomas Demand im Metzler-Saal im Frankfurter Städel Museum realisiert worden ist. Der Künstler fotografierte ein Papiermodell eines Vorhangs, das im Atelier gebaut wurde. Die Aufnahmen transferierte er auf eine textile Wandbespannung, der bedruckte Stoff wurde auf Paneele gespannt und mit Magneten an den Wänden des 240 m^2 großen Saales fixiert. Diesen Vorhang kann niemand zurückschieben, er ist ein doppeltes *Tromp l'oeuil.* Kein echter Stoff, nicht einmal die Fotografie eines echten Stoffes. Dieses Kunstwerk täuscht, so wie wir unzählige Male von den Bildern im Internet betrogen werden. Die Installation lässt sich ebenso als surrealistische Interpretation der Gegenwart wie als eine Sehnsucht interpretieren: Bitte keine Fenster, keine Bilder mehr: Zieht den Vorhang zu!

Gegen die Gesetze der Logik blickt man auch auf das Bild *Gardine* auf der weißen Wand wie durch ein Fenster im Ausstellungsraum, im White Cube, der üblicherweise wie das eingangs erwähnte *cubiculum* in Pompeij keine Öffnungen außer Türen besitzt. Man schaut vorbei an einer *Gardine*, die nicht modern ist, durch die grundierte Leinwand, eine weiße Fläche, die wohl symbolisch für die Moderne stehen kann. Die zeitgenössische Interpretation, die Marianne Langs

Gardine von 2016 einfordert, kann jene der Metapher auf unsere Zeit sein.

Wohin schauen wir? Auf unsere Gegenwart und Zukunft, von der wir noch nicht wissen, wie wir sie benennen sollen, die noch verschleiert ist, gefüllt mit Fenstern, Windows, Ausblicken, Outlooks, Oberflächen, Bildschirmen und Bildern.

[1] Siehe: https://commons.wikimedia.org/wiki/File:Phaedra_letter_MAN_Napoli_Inv114322.jpg, zuletzt aufgerufen am 4. August 2017.

[2] Wolfgang Kemp: Rembrandt: *Die Heilige Familie oder die Kunst, einen Vorhang zu lüften*, Frankfurt/Main 1986, S. 28: „Vorhänge im Bild waren zeitgleich bei den Malern der südlichen Niederlande und Italiens ein beliebtes Mittel, porträtierte Personen oder heilige Gestalten mit Weihe, Pomp und Grandiosität zu hinterlegen." Im 15. Jahrhun dert spielten Fenster und Türrahmen in der altnieder ländischen Malerei eine große Rolle in der Gestaltung des Bildraumes, wie z. B. bei der *Madonna mit Kind* im Diptychon von Hans Memling von 1487. Auch in der italienischen Malerei der Renaissance sind sowohl Vorhang als auch Fenster wesentliche Elemente, z. B. bei Tizian, *Madonna mit dem Kind (La Zingarella)*, 1512.

[3] Ein Turm, das Attribut der hl. Barbara.

[4] Siehe Plinius der Ältere: *Naturalis Historiae*, Buch 35, S. 64.

[5] Siehe Wolfgang Iser: *Der implizite Leser. Kommunikationsformen des englischen Romans von Bunyan bis Beckett*, London 1975. Die Leerstelle bezeichnet in Romanen die Stelle, an der die Erzählform wechselt. Der Leser muss selbst die verschie denen Elemente in Beziehung setzen und den Text fertig formen. Für Iser beispielhaft ist *Ulysses* von James Joyce.

[6] Siehe Wolfgang Kemp (Hg.): *Der Betrachter ist im Bild: Kunstwissenschaft und Rezeptionsästhetik*, Berlin 1992.

[7] *Repoussoir* kommt vom französischen *repousser*, „zurücktreiben". Ein im Vordergrund eines Bildes platziertes Objekt wird übergroß und dunkel dargestellt und deutet als technischer Trick Raumtiefe an. Das Bild selbst erzeugt, wie in der Romantik, keine perspektivische Tiefe, es ist aus flächigem Vorder- und Hintergrund gestaltet.

[8] Siehe Sabine Rewald: *Rooms with a View. The Open Window in the 19th Century*, Metropolitan Museum of Art, New York 2011, S. 3.

[9] Siehe auch die Arbeiten von Marianne Lang: *Double Sights*, 2013–15, Bleistift, 150 x 110 cm.

[10] René Magritte: „Die Lebenslinie", in: André Blavier (Hg.): *Rene Magritte. Sämtliche Schriften*, München 1981, S. 108.

Gardine / Curtain (Detail)

Serie, Silberstift auf Leinwand / series, silverpoint on canvas, 150 x 120 cm, 2016

ON MARIANNE LANG'S: CURTAIN

Margareth Otti

THE *CURTAIN* SERIES (2016) uses silverpoint on primed canvas and measures 150 x 120 cm. Each depiction reveals a drape – a transparent curtain accidentally or not drawn aside and, due to the fact that the curtains are ruffled and have folds, the flat in the image is probably a rather old-fashioned one. The modern-day paradigm of clarity and simplicity seems to have passed this imaginary interior by. Perhaps we are looking through a window. The view on and through the canvas – out of the window – contains a surreal sensory illusion: it is only through the sheer curtain material that buildings, perhaps a city, become visible. What is recognisable, and solely through the veil of the fabric, are the high-rise buildings, not however through the actual window, which normally provides a clear view from behind the privacy of a curtain. What are we looking at?

When observing *Curtain*, a window opens up on the white wall. However, in a gallery, spaces are not welcome due to the desire to maintain the institutional, pure *white cube* – freed as much as possible from interference. This is also the case in Pompeii, where rooms in the atrium, the so-called cubicula, were also often without windows. The only source of light in the atriums of ancient Italian bedrooms was through the door. However, there were windows: frescoes, and these were painted on the wall alongside depictions of mythological stories. In the House of Jason a fresco, dated ca. 50 bce, features a painted framed window above the legendary Greek figure of Phaedra. There is also an elegant red curtain, which is ruffled and pulled to the side of a window that looks out onto an expanse of blue.[1] This window offers an illusory view – perhaps this is purely decorative or it might even be a symbolic means of escape for Phaedra. It could also serve as a means of viewing another world as a field of projection for the inhabitants of the house and a reflection of the times they lived in.

A PICTURE. A WINDOW.

SINCE ALBERTI'S *De pictura*, a treatise on painting written in 1435, the window has symbolised a new order through geometry and a central perspective. The artist's wooden frame-like construction, built to help in securing perspectives, resembled a window; in effect, the picture itself was seen as a window. The perspectives of the vanishing lines make the surface of the picture clear; the picture becomes an illusion of depth, with the picture frame serving as its window frame. This form of illusionistic Renaissance picture remained popular up to the nineteenth century and was also adopted in photography, until Édouard Manet, and subsequently the Impressionists from 1860, once again made the picture surface opaque. The picture becomes blind. Even Claude Monet's, *La capeline rouge, Portrait de Mme Monet* from 1868–1878 is flat, even though a window and a curtain painted with loose brushstrokes are visible. In cubism the objects even seem to jump out of the painting. In Robert Delaunay's, *La tour aux rideaux* (1910), the two white curtains, with dark shadows in their folds, which are gathered at the side in the foreground of the picture, spring forward, opening out in a theatrical manner and charging to engulf the Eiffel Tower as if in a cloud of dust. In the twentieth century, modernist visual arts began to isolate the motif of the window, interpreting its meaning and existence: lines of vision are disconcertingly turned, interior and exterior are exchanged. Without background architecture or landscape views, as in Marcel Duchamp's *Fresh Widow* (1920) and *La Bagame d'Austerlitz* (1921), the picture becomes deconstructed; or abstracted as in Henri Matisse's *Porte-fenêtre à Collioure* (1914) or Ellsworth Kelly's *Window* (1949). In conceptual art the motif is shown as an installation, as in Joseph Kosuth's *One and Three Windows* (1965) and Gerhard Richter's *7 Standing Panes* (2002).

The window is deconstructed into its individual sections, which strengthens the interpretation of its symbolic meaning as an opening into another world. Nevertheless, the elements of the window in the above-named works completely uphold the motif. *Curtain*, however, shows a detail of an image, as if a computer program, like Photoshop, had been used to zoom in on it. Nowadays, we are all too used to seeing details of images, magnified on a screen, whereas in the twentieth century a detailed image represented consciousness of composition and construction. The possibility of removing a section of a photo and creating an empty space as in *Curtain*, where the empty space has been *cut out* of the canvas, has nowadays also become common. The job of completing visual aspects of the window and the view is left to the public. A mental zooming out enables the observer to recognise what has been cut out of the picture and what has been hidden.

A CURTAIN. A WORLDVIEW.

THE SISTINE MADONNA by Raphael, 1512–13, one of the world's most famous paintings, was presented in a theatrical mode[2] using the artifice of a green sky-like curtain. The heavy, plush material causes the fine curtain rod to bend somewhat; many rings are needed to free the view of the Madonna and Child along with the cherubs' heads in the background. The right curtain is gathered exactly as one of Marianne Lang's *Curtain*(s), and the close observer will recognise a building[3] in the background, towards the right edge. The curtain divides the picture not only from left to right, but also from now and then, as well as the foreground from the background. The composition of *Curtain*, in contrast, remains ambiguous. The curtain, as a material, may be realistically drawn – just as Pliny the Elder describes how the painter Parrhasius painted a curtain in such detail that his contemporary and rival Zeuxis called for the cloth to be lifted so that he could view the picture better.[4] But in *Curtain*, neither a curtain rod nor window elements are visible; everything remains fragmented, an intimation. The foregrounds and backgrounds are, likewise, pure interpretation; spatial depth exists only as a result of the viewer's imagination. The city behind the curtain could be a view from a window, but perhaps it suggests a surreal fantasy – a dream vision that irritates our habitual way of looking at things. The curtain makes looking through the window into another reality its theme, but it also symbolises a shade for visual privacy, blocking the actual viewing of truth, of the future, or of the end goal. The curtain must be pushed aside in order to see more clearly.

The representation of a curtain in the seventeenth century: *The Holy Family with a Curtain*, 1646 by Rembrandt, was seen as being revolutionary, as it marked a major departure from the aesthetics of reception. For the first time, the curtain is placed in front of the picture, both a *trompe l'œil*, and a duplication of what was at that time the norm – as curtains used to be hung in front of pictures. In addition to this, Rembrandt could well have wanted to impress his public with his ability to paint so very realistically. The family has been captured within a gold-painted frame, behind a painted curtain revealing a humble living space. Rembrandt has created a very theatrical staging for his depiction of Mary, Joseph and the Child, placing them in his time and setting them on a kind of proscenium [forestage]. To the rear there is a high, arched window recess blending with the shadows of nature – the representation of the space is unclear – just as in *Curtain* – we are at once both inside and outside. The frame, the curtain and the door construction demonstrate a doubling of the picture as a clear surface, as a window into an ideal future. Where exactly are the observers looking? On a dual worldview, in which the members of the Holy Family are just as poor as the people amongst whom they are living, and where privileged observers may well lift the curtain.

BLANKS. REPOUSSOIR.

ONE OF MARIANNE LANG'S drawings shows delicate transparent fabric both to the right and left of the picture's edge. A familiar sight as may be seen in any older-type building (perhaps in Vienna). The sheer curtains simultaneously conceal and reveal the view of the windows in the building opposite. The window through which one is looking is reflected by that at which one is looking. An empty space is left in the middle of the picture. The "empty space" is a term used in literary theory[5] that was transferred to the world of visual arts by Wolfgang Kemp[6] where it represents a form of integration of the observer into the area of the picture itself. An unidentified, free zone – the blank – gives the on-lookers the opportunity of taking part in what is happening in the picture. In *Curtain*, this empty space (blank) is obvious: the observer is the person, who is looking onto/ through the canvas. But what is being looked at? A primed canvas, an empty homogenous surface, enframed by a delicate curtain? Empty, smooth surfaces are omnipresent in our times. We flip open our devices where an undefined, empty surface ready to be filled with pictures and windows awaits us. Present-day windows, upon and through which we are always looking, are surfaces in the form of *touchscreens*, windows in *Windows* or other programes and monitors, empty surfaces, where if we push the curtain aside, views into virtually infinite picture-worlds are revealed. The screen is the new window to the world. The person in front of the picture(screen) becomes an implied person in the picture(screen) itself, a Rückenfigur [a figure seen from behind], who is looking both out of and onto the window, a repoussoir.[7]

Rückenfigurs [looking out of a window or at a landscape] are often to be found in the paintings of artists of the Romantic period.[8] Also new was the open window which found great acclaim as a motif, as a symbol for the then zeitgeist. This is well illustrated in Caspar David Friedrich's *View from the Artist's Studio (right window)* 1805–6 and the concurrently produced *View from the Artist's Studio in Dresden on the Elbe (left window)*, in which the artist places the observer in the role of the figure at the window. These two works show neither a stunning landscape nor an especially interesting interior. They show open studio windows, whose simplicity and unpretentiousness captured the pulse of the time; the yearning of the Romantic period. *Curtain* does not portray an interior or a landscape either. Instead, it portrays many windows in the imagined foreground of the picture, on the level of the observer and shrouded in the background. Many windows and many views: an analogy for us – either as bent figures sitting at the screen, at the most commonly popular and most current window; or walking incessantly, absent-mindedly and blindly through cities, gazing intently at the "little window" held tightly in our hands. We longingly look into another world, with many programe-windows opened, overlapping or alongside each other. The architecture in the background of *Curtain* could be a metaphor for the virtual buildings which surround us today.

MATERIAL. CONTENT.

MS LANG manages to combine most successfully her choice of drawing materials and content in her works. She experiments with unusual techniques, such as pyrography, intarsia wood inlay on paper, scratch work and also silverpoint or white chalk. Each chosen technique and its motif harmonises in an impressive way. The meticulously produced drawings, each executed in its own method, create an enigmatic effect. In the case of *Curtain*, Ms Lang works with silverpoint, which has the fascinating characteristic of light grey lines darkening over time into deep anthracite. These drawings leave no room for mistakes as erasure is impossible. Each correction would only disturb. The realisation of the four works in the *Curtain* series demands great drawing skills along with the ability to work very slowly whilst, through contemplation, becoming immersed in the drawing. The silverpoint is firstly and very delicately drawn onto the canvas, as if it were – just like the content of the drawing itself – a veil. The strokes slowly become monochrome fields and shaded nuances of the realistic-looking curtain fabric, filling a drawing with the formidable size of 150 x 120 cm. The artist's methods are not dissimilar to those of Caspar David Friedrich: Friedrich's drawings are sepia on paper, in greyish-brown ink, carefully and meticulously applied to successfully achieve the desired exchange between light and shade. His drawing technique, too, is laborious, demanding painstaking care and patience: it took Friedrich three years to achieve his six views from his studio, only two of which have survived.

INTERIOR. EXTERIOR.

WINDOWS create a connection between the exterior and the interior, the familiar and the unknown, without completely breaking the connection between the two. Friedrich's sober representation of the window as the threshold between near and far posed the ideal metaphor for unfulfilled yearning. Being inside, one yearns for the faraway, outside. *Curtain* is also a nostalgic picture of yearning: something concealed behind a curtain arouses curiosity; *revelation through concealment* attracts attention. The goal of longing is, however, defined through the not-pursued, the obscured. The houses in the city behind the veil don't appear to be the object of desire. The longing is directed at that which is in-between, that which remains free, the undefined.

In René Magritte's, *Éloge de la dialectique (In Praise of Dialectics)* 1937, we are presented with a surreal illusion that plays with the perception of architecture and a view from a window: the view through a window into a room to reveal yet another building. The window is open and, exactly as in *Curtain*, a lacy drape drawn in perspective brings the eye to an interior, to a room, which opens up a view of a building – exactly like the one upon whose facade we are looking. It is a mise-en-abyme, a picture appearing within the picture of itself: when we open a window, we see innumerably more waiting to be opened. Instagram, Facebook, Tumblr, Pinterest and Google Image-Search demonstrate just this. Like two mirrors placed opposite each other where double images are infinitely reproduced, we are standing in front of a somewhat uncanny place, always being challenged to search further and further afield. It is a climactic ambivalence of the relationship between interior and exterior in which the person seems to be non-existent. Magritte also works against the rules of logic in his paintings. The view through a window into a room reveals a building: one is looking simultaneously into and out of a window.[9] "This is how we see the world – we see it outside ourselves, and yet the only representation we have of it is inside us.", [10] writes Magritte, whilst demanding from the observer, as in *Curtain*, a theoretic, dialectical discussion between the interior and the exterior; between the near and the far; the I and the others; yesterday and today; reality and imagination; the picture and the expectation.

WINDOWS. OUTLOOK.

THOMAS DEMAND'S room-spanning installation, *Saal* (*Hall*, 2011), in the Städel Museum's Metzler Hall, in Frankfurt, is symptomatic of a room without openings: the walls, which in the end have no windows to challenge us, are hidden by a curtain. The artist photographed a paper model of a curtain which had been set up in a studio and using a transferring process printed the picture on a textile wall covering of synthetic fibre. The printed fabric was then wrapped over a frame and fastened to the $240m^2$ walls by means of magnets. This curtain cannot be drawn back; it is a double *trompe l'œil*, without real fabric – not even the photograph was of real fabric. This artwork is deceptive, tricking us time and time again, just as countless pictures on the internet do. The installation may equally be seen as a surrealistic interpretation of the present, or as an interpretation of longing: No more windows, no more pictures, please. Draw the curtains!

Curtain also breaks with the rules of logic. The view is that of a white wall not unlike a window in an exhibition hall – in the "white cube", which, mostly, just as in the previously mentioned cubicula in Pompeii, has no openings except for the doors. Looking past a curtain which is not modern (through the primed canvas – a white surface) could symbolically be seen as a representation of modern art. The contemporary interpretation that Marianne Lang's *Curtain*, 2016, demands could well be the metaphor of our time. Where are we looking? At our present? At the future, which we as yet cannot fathom? This future that is filled with window panes – Windows; views – Outlooks; surfaces, screens and images; yet it is still obscured.

[1] See: https://commons.wikimedia.org/wiki/File: Phaedra_letter_MAN_Napoli_Inv114322.jpg, 4, August 2017.

[2] Wolfgang Kemp: Rembrandt: *Die Heilige Familie oder die Kunst, einen Vorhang zu lüften*, Frankfurt/Main 1986, p. 28: "To convey pomp, ceremony and grandeur, curtains in pictures were a favoured means of portraying people or holy figures. Painters in the southern Netherlands and Italy both concurrently used this image." In the fifteenth century, in Early Dutch painting, windows and doorframes play a prominent role in the composition of pictorial space, e.g. *Madonna with Child*, diptych by Hans Memling, 1487. Curtains as well as windows are also key elements in the Italian Renaissance, e.g. *Madonna with Child, (The Gypsy Madonna)*, Titian, 1512.

[3] A tower – the primary attribute of Saint Barbara.

[4] See: Pliny the Elder, *Naturalis Historia*, Book 35, p. 64.

[5] Wolfgang Iser: *The Implied Reader: Patterns of Communication in Prose Fiction from Bunyan to Beckett*, London 1975. In novels the blank denotes the place where the narrative form changes. The reader must bring various elements into relation and concretise the text him/herself. For Iser a prime example of this is *Ulysses* by James Joyce.

[6] Wolfgang Kemp (ed.): Der Betrachter ist im Bild: Kunstwissenschaft und Rezeptionsästhetik, Berlin 1992.

[7] *Repoussoir* comes from the French: *repousser*, "to push/drive back". An object placed in the foreground of a picture is represented as oversized and dark. This is seen as a technical trick implying depth. In the Romantic era the picture itself doesn't create a depth perspective; it is made up of a flat fore- and background.

[8] Sabine Rewald: *Rooms with a View. The Open Window in the 19th Century*, Metropolitan Museum of Art, New York, 2011, p. 3.

[9] See also Marianne Lang's: *Double Sight*, 2013–15, pencil on paper, 150 x 110 cm.

[10] René Magritte: "Die Lebenslinie", in: André Blavier (ed.): *Rene Magritte. Sämtliche Schriften*, Munich 1981, p.108.

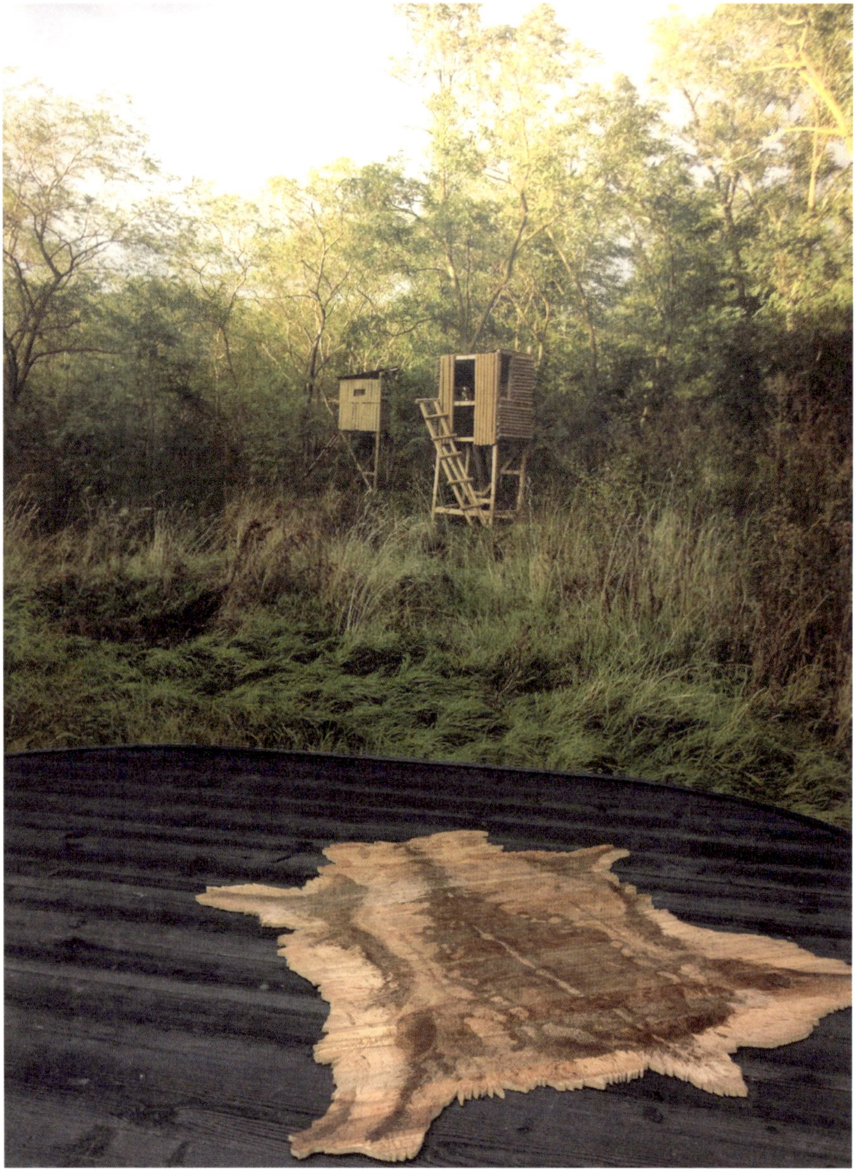

hideout 3

C-Print, gerahmt / framed, 50 x 40 cm, Edition 5 +1 AP, 2013

Fellimitat / Imitation Fur

Zeichnung auf Parkett, Brandgravur / drawing on parquet floor, burned engraving, ca. 130 x 120 cm, 2013

Ausstellung / Exhibition Albrechtsfeld, bäckerstrasse4, Wien / Vienna, 2014

GEGEN ALLEN ANSCHEIN

Astrid Kury

MARIANNE LANG interessiert sich für das Herstellen von Behausungen. Raumeroberungen von Mensch und Natur werden in ihren jeweils eigenen Formen analysiert und mitunter auch in Beziehung gesetzt – vor allem „Schädlinge" und „Unkraut" liefern hier interessante Parallelen. Sie arbeitet dabei bevorzugt im Medium der Zeichnung, der Fotografie und der Installation – meist spielt hier ebenfalls das grafische Instrumentarium eine wesentliche Rolle. Subtile Analyse und feine Ironie ergänzen sich dabei aufs Beste. In ihren Installationen eröffnen sich auf Wänden und Mauern fiktive Räume, oder sie arrangiert Raumelemente zu verwirrenden Verschachtelungen. Materialitäten und Proportionen verändert sie so, dass Wahrnehmungsgewohnheiten aufs Erste unbemerkt unterwandert werden.

Auch in ihren aktuellen Werkserien *Double Sight*, *Haus im Grünen*, *Buchdrucker und Kupferstecher*, *hideout* und *Fellimitat* untersucht Marianne Lang die Interpretationen im Wahrnehmungsprozess. Sie greift dafür auf ebenso vertraute wie unspektakuläre Situationen von Raumeroberungen zurück: Hochsitze auf Waldlichtungen, Ausblicke aus Fenstern, Einblicke in Wohnungen, Kletterpflanzen auf Fassaden, Borkenkäfergänge in Baumrinden ... aber mit dem ersten Blick gibt sich die Kunst ja meist nicht zufrieden. Die Hochsitze, fotografiert auf einer idyllischen Waldlichtung, sehen ja ganz passabel aus – doch wer würde solche Konstruktionen aus Papprohren, Karton und Klebeband erklimmen wollen? Einblicke und Ausblicke verbindet die Künstlerin in ihren Zeichnungen zu einem einzigen Bild – aber wo ist der Standpunkt der Betrachterin geblieben?

In den poetischen Zeichnungen der Serie *Double Sight* werden scheinbar diametrale Blickrichtungen wie bei einer Mehrfachbelichtung gleichwertig überlagert. Die erste Annahme, es handle sich bei der realistischen und detailreichen Abbildung um die Darstellung eines Spiegelungseffekts, ist falsch. Denn es gibt hier keinen gemeinsamen Ort: „Drinnen" ist die Atelierwohnung der Künstlerin in Wien, „draußen" der Ausblick aus dem elterlichen Zuhause in der Steiermark. Nicht nur verschiedene Standorte, sondern auch zeitliche Abfolgen, gegenwärtige wie vergangene, erlebte wie erinnerte Eindrücke wurden überblendet, sodass die Zeichnungen als Suche nach formalen Entsprechungen für das „Gedankengebrodel in dem durch die Realität hingetragenen Kopf"[1] gelesen werden können.

Bald schon werden „Augmented-Reality-Brillen“ unseren Alltag prägen und stetig computergenerierte Bilder in den Blick auf die Wirklichkeit einspeisen. Diese Überlagerung von Welten wird neue *Double Sights* bewirken und sicher auch, nach anfänglicher „Cybersickness“, neue Wahrnehmungsparameter etablieren.

Die Evolution hat das Ausnützen von Täuschungseffekten immer schon befördert. Diese beruhen darauf, dass das, was als wirklich erkannt wird, kontextabhängig ist. *Hideout* nennt Marianne Lang ihre Karton-Unterstände in Warntracht. Karton ist das Skizzenmaterial der Objektkunst – schließlich geht es vor allem um die Idee und ihre Visualisierung. Die Hochsitze ließ die Künstlerin nicht einmal so lange stehen, dass sie sich im Regen aufgelöst hätten. Man sieht auch so, dass sich die Natur gut und gerne des Menschen entledigen kann. Auch die *Häuser im Grünen* sind unbewohnbar. Das Gebäude ist gelöscht, nur angedeutet durch den wuchernden Efeu, der die Form des Bauwerks bewahrt hat. Eigentlich müssten die Pflanzen ohne ihr tragendes Gerüst schon zusammengefallen sein. Entsprechend zu Haus und Hochsitz tut auch die Jagdtrophäe nur so, als ob sie eine wäre. Denn das *Fellimitat* ist ein zugeschnittenes Stück Parkettboden mit Brandmusterzeichnung.

Wahrnehmung ist immer Interpretation. Und Interpretationen sind variabel. Das ist eine wichtige Schulung, auch in einem politischen Sinn, der sich die Gegenwartskunst oft und gerne widmet. Hinzu kommt, dass die Bildwahrnehmung eine eigene Möglichkeit von Wahrnehmung schafft. Denn das Bild selbst ist, abgesehen vom Bildträger, freigestellt von der physischen Wirklichkeit – es altert nicht, es wandelt sich nicht, und es präsentiert Dinge, die nur sichtbar sind, so der Philosoph Lambert Wiesing.[2] Der Blick in eine physikfreie Zone ermöglicht dem Betrachter eine Position der Distanz, einen Freiraum, in dem die Reflexion der Wahrnehmung selbst möglich wird, ohne dass man zugleich Objekt der Wirklichkeit wird. Denn: „Wer im Bild eintaucht, taucht dort nicht wieder auf. Im Gegenteil: ich sehe, ich tauche ein und bin weg.“[3]

[1] Arno Schmidt, „Sind wir noch ein Volk der Dichter und Denker?“ (1963), in: Bernd Rauschenbach (Hg.), *Arno Schmidt. Das große Lesebuch*, Frankfurt am Main 2013, S. 140.
[2] Vgl. Lambert Wiesing: *Das Mich der Wahrnehmung. Eine Autopsie*, Frankfurt am Main 2009, S. 228.
[3] ebda., S. 228.

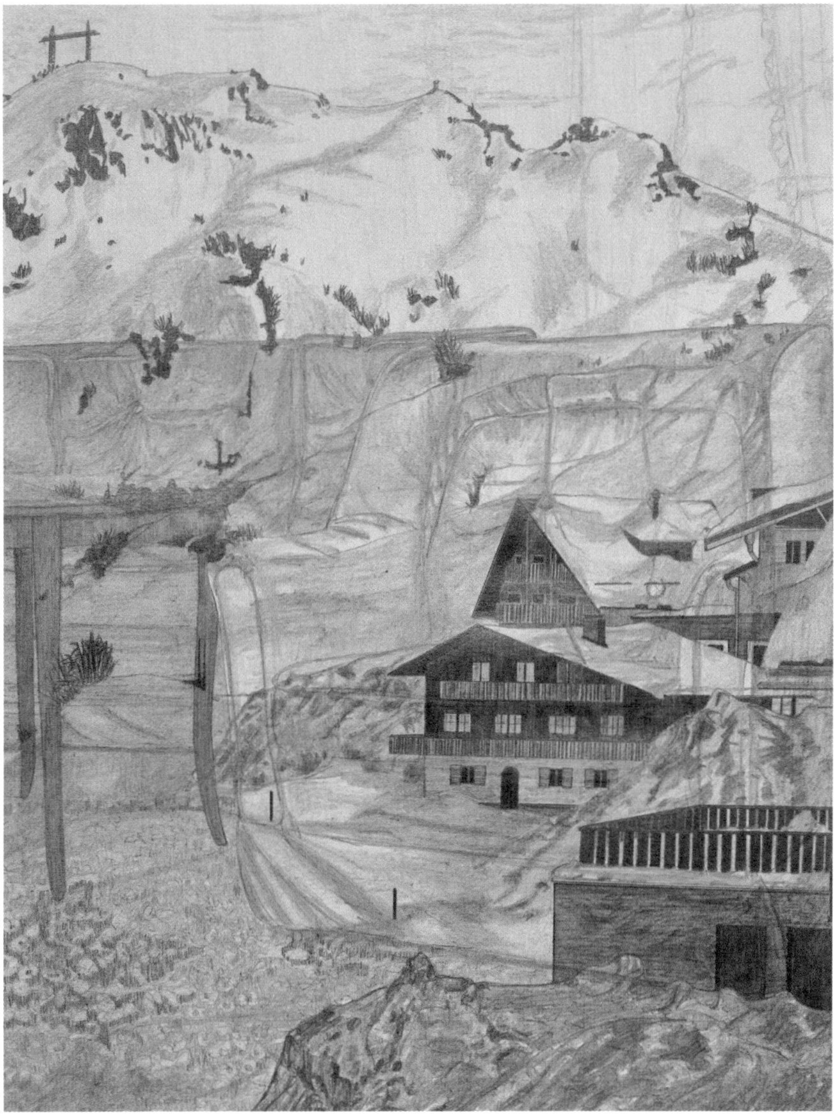

Double Sight (Detail)

Serie, Bleistift auf Papier / series, pencil on paper, 70 x 90 cm, 2017

CONTRARY TO ALL APPEARANCES

Astrid Kury

MARIANNE LANG is interested in the construction of living spaces. She analyses spatial acquisition by man and nature, each respectively in its own form, at times drawing interesting parallels particularly between "pests" and "weeds". Ms Lang's preferred medium is that of drawing but she is also well represented in the fields of photography and installations. Here, too, the use of graphic tools plays an important role and it is here that her subtle analysis, complemented by a fine sense of irony, is at its best. Ms Lang's (re)arrangement of room elements opens up and creates fictive spaces which, emerging from walls, bring to light a bewildering interwovenness in her installations. It is through the manipulation of materials and proportions that she undercuts – at first without our noticing – our habits of perception.

In her current series, *Double Sight*, as well as in *Haus im grünen* (*House in the Open*), *Buchdrucker und Kupferstecher* (*Bark Beetle Printing*), *hideout* and *Fellimitat* (*Imitation Fur*), Marianne Lang examines the process of perception in the realm of interpretation. She achieves this by exploring the well familiar as well as the unspectacular in the realm of spatial acquisition: a raised hide in a forest clearing, views from windows, glimpses into flats, climbing plants on facades, the tracks of bark beetles left behind on tree bark – but as is often the case, a first impression does not suffice when it comes to Art. The raised hides, photographed in an idyllic forest clearing, seem quite normal – but who would want to climb these cardboard-tubing constructions fastened together by adhesive tape? The artist combines scenes in her drawings of looking-in and looking-out into one unique picture – but where does this place the observer?

In the poetic drawings of the series *Double Sight*, apparent diametrical lines of vision are equally superimposed, creating seemingly multiple exposures. The first assumption, that the work represents a realistic and richly detailed depiction – supposedly of a reflected image – is wrong. In fact, the depicted locations have nothing to do with each other: "inside" is the studio flat of the artist in Vienna; "outside" is the view from the parental house in Styria. Not only different locations but also different sequences in time – in the past and in the present – impressions both experienced as well as remembered bleed into each other so that the drawing becomes a search for formal correspondences; for "discombobulations of thoughts that are borne out into reality"[1]; enabling us to interpret what we see. It will not be long until "augmented reality glasses" feed computer-generated pictures onto our view of what is real. This superimposition of worlds will cause us to perceive new "double sights", and certainly, after an initial "cybersickness", will establish new parameters of perception.

Evolution has always favoured the use of artifice, based on the fact that what we conceive as being real depends on contextualisation. Sketching camouflage colours onto a shelter, Marianne Lang uses pasteboard as the medium for her object art *hideout*. Here, ultimately what is important is the idea and the visualisation thereof, and it is this which very quickly leads the artist to dismantle her raised hide – to prevent remorphing by rain. What does become obvious is that nature can well rid itself of the trappings of mankind. To note here is that the *Häuser im grünen* (*Houses in the Open*) are uninhabitable. The buildings themselves have been erased and are replaced by abundantly growing ivy. It is the shape of the ivy that suggests the existence of former structures. In reality, without the frame of the building providing support, the plants should have collapsed upon themselves. Correspondingly, just like the house and hide, the hunting trophy is also no more than a sham; so too is *Fellimitat* (*Imitation Fur*) in reality a cut-out piece of parquet floor branded with markings.

Perception is always interpretation. And interpretations do vary. This is an important point to acknowledge in respect of politics, to which contemporary art is often dedicated. Moreover, the way in which we look at images creates its own possible realm of perception. As the philosopher Lambert Wiesing[2] states: the picture itself, apart from the material upon which the picture has been created, is set free from physical reality – it doesn't age, it doesn't change, and it presents things, which can only be seen. Viewing in a zone freed from "physics" enables the observer to distance him/herself. The observer is given an open space wherein reflecting upon perception becomes possible without at the same time becoming the object of reality: "Whoever dives into a picture will not resurface. Just the opposite: I see, I dive in and I am gone".[3]

[1] Arno Schmidt, "Sind wir noch ein Volk der Dichter und Denker?" (1963), in: Bernd Rauschenbach (Hg.), *Arno Schmidt. Das große Lesebuch*, Frankfurt am Main 2013, p. 140.

[2] Vgl. Lambert Wiesing: *Das Mich der Wahrnehmung. Eine Autopsie*, Frankfurt am Main 2009, p. 228.

[3] ibid., p. 228.

ARBEITEN
WORKS

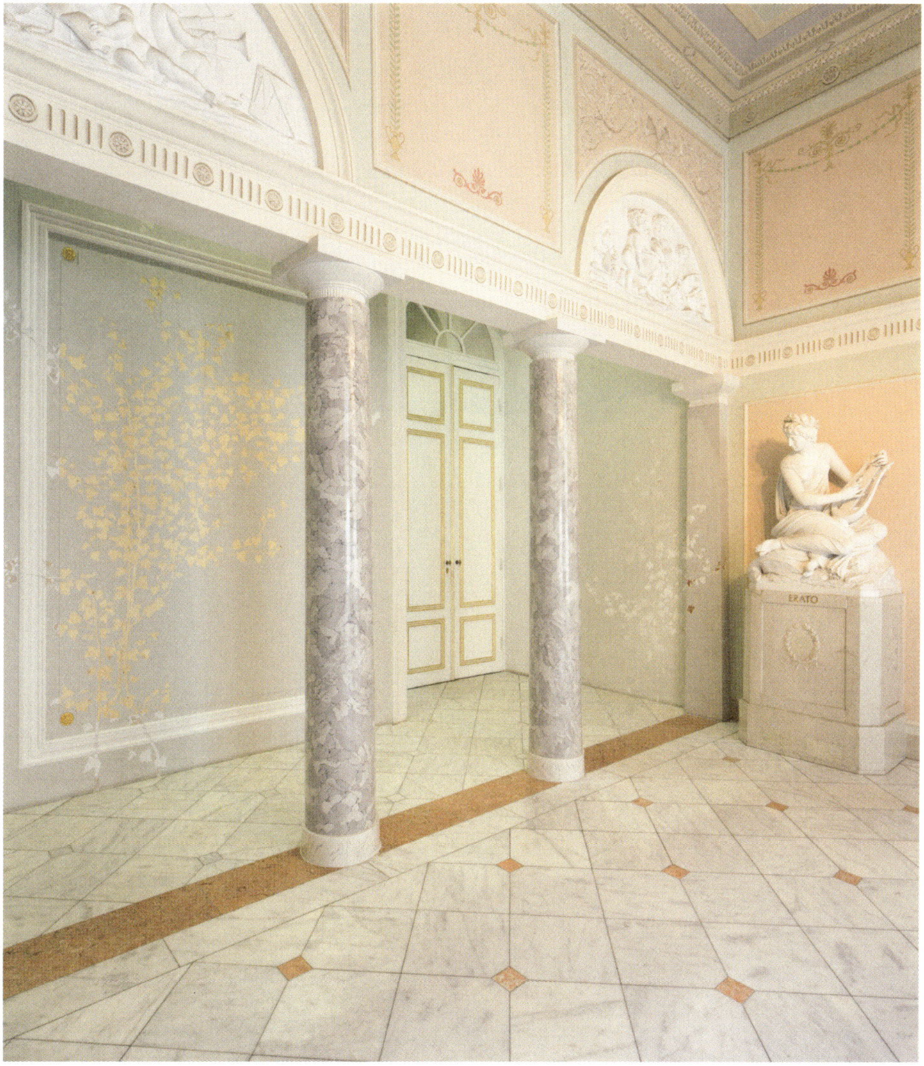

Schattengewächs / Scandent Shades
Sgraffito, Intervention, Albertina Wien / Vienna, 2013–2014

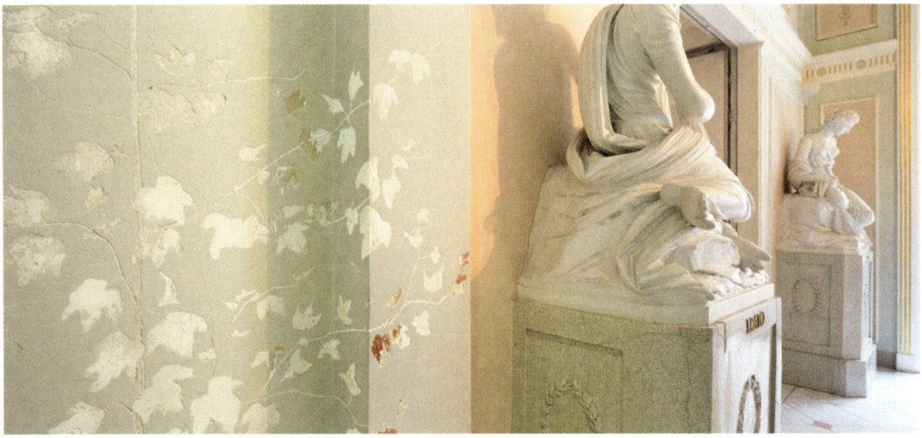

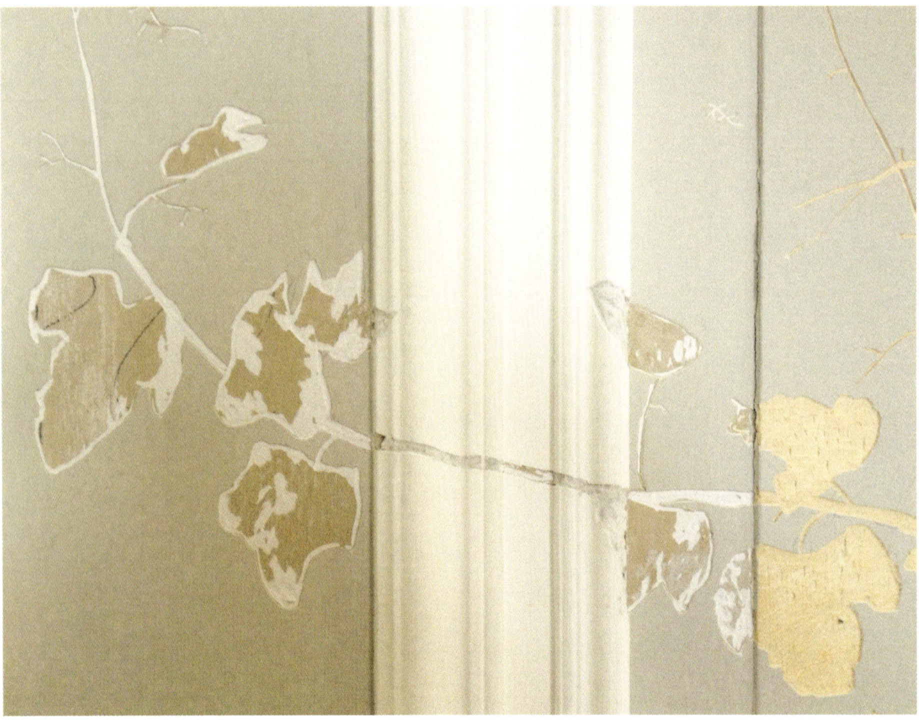

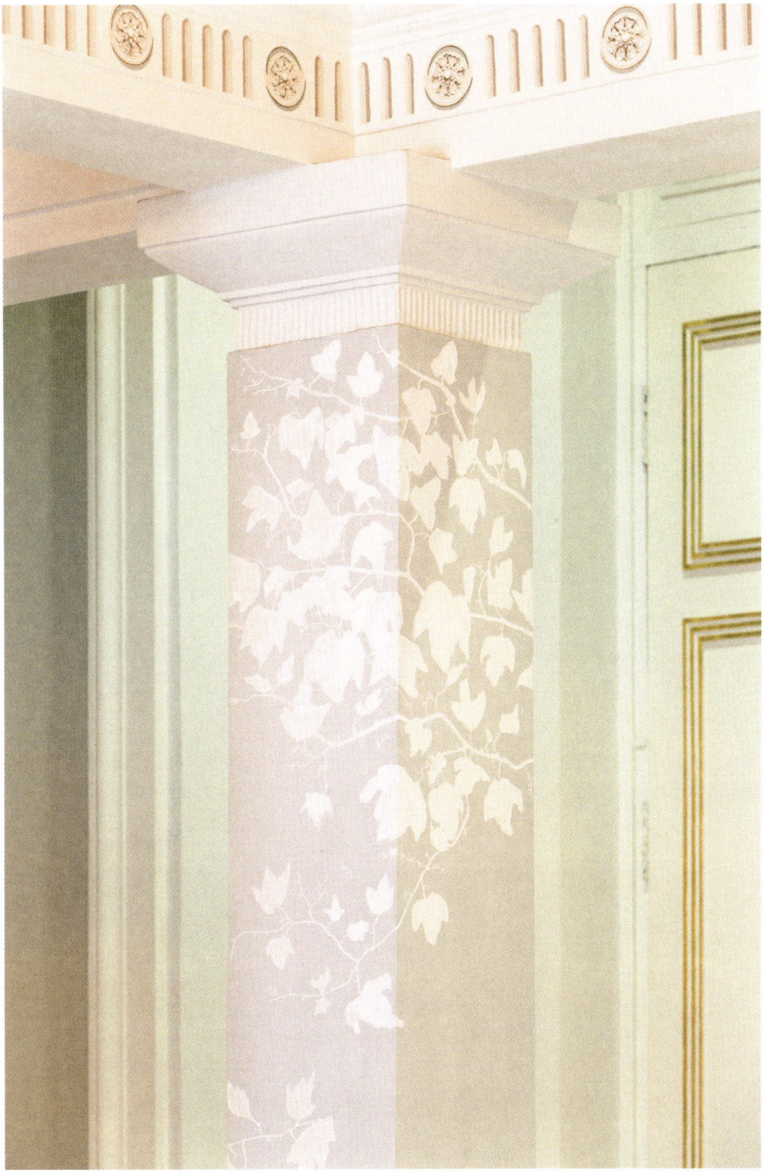

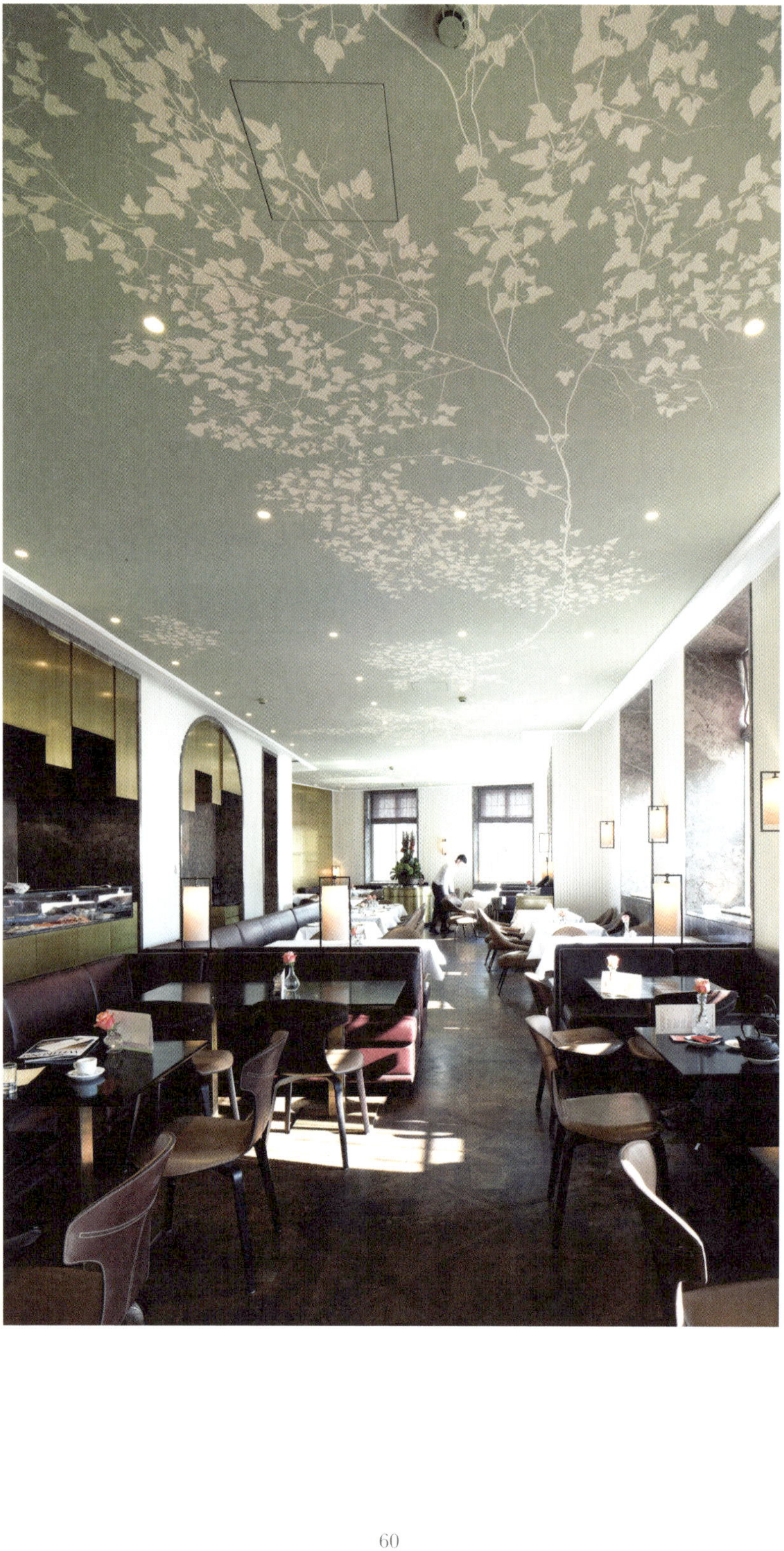

Schattengewächs / Scandent Shades
Decke / ceiling Do&Co Albertina, 2014

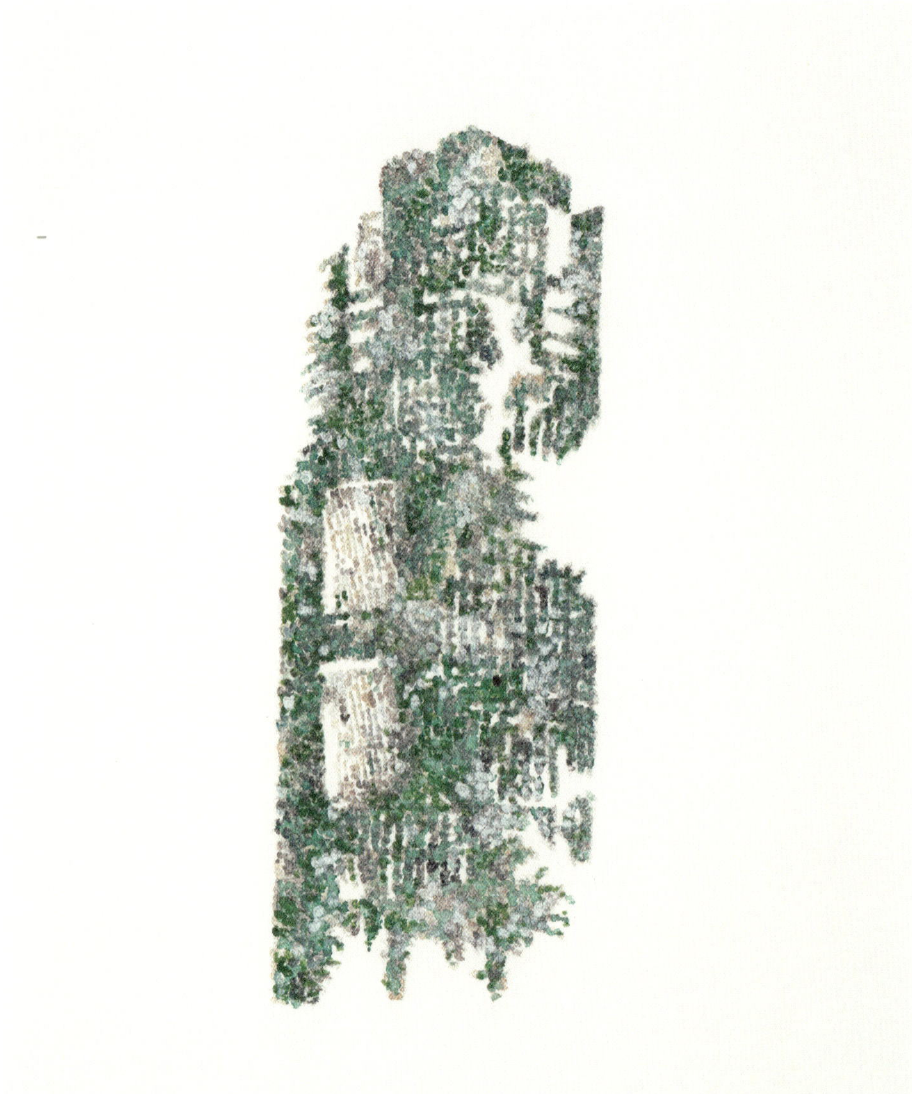

Haus im Grünen / House in the Open
Serie, Mischtechnik auf Papier / series, mixed media on paper, 50 x 60 cm, 2014–2017

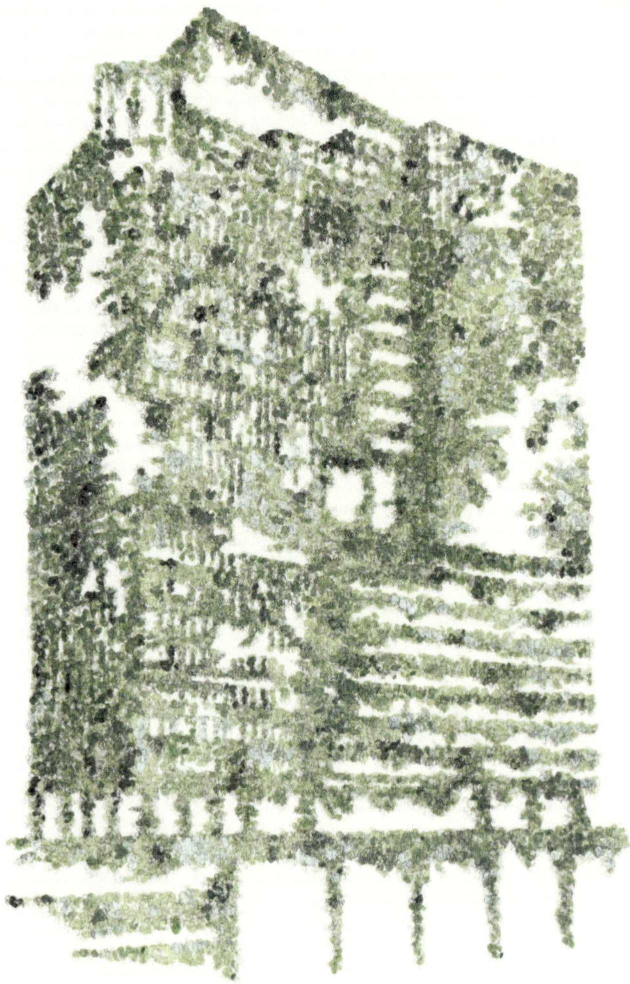

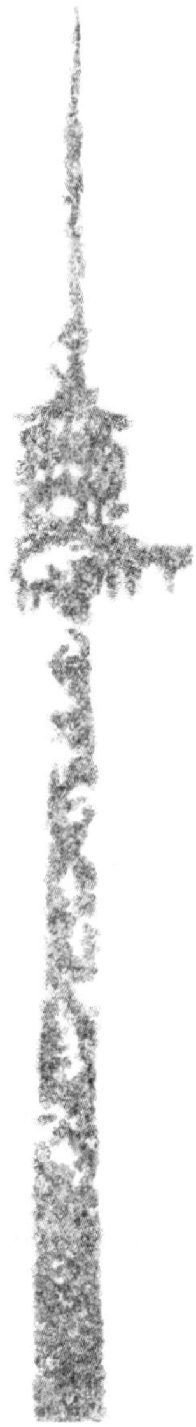

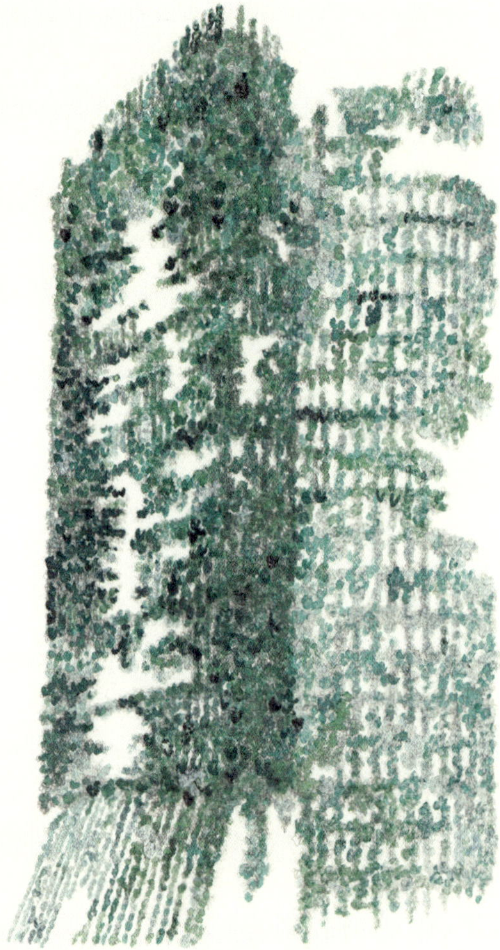

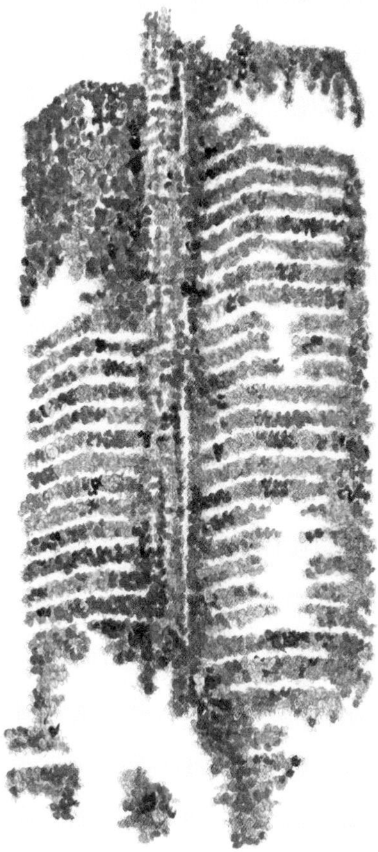

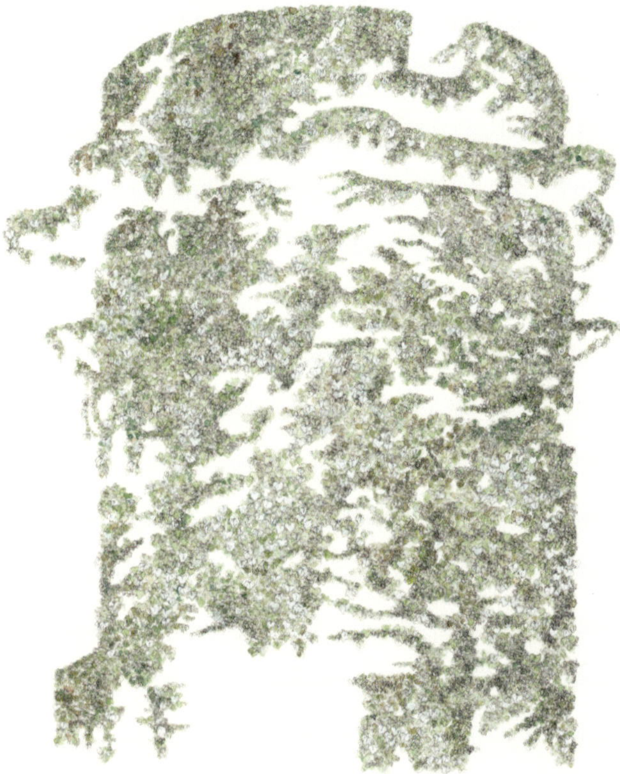

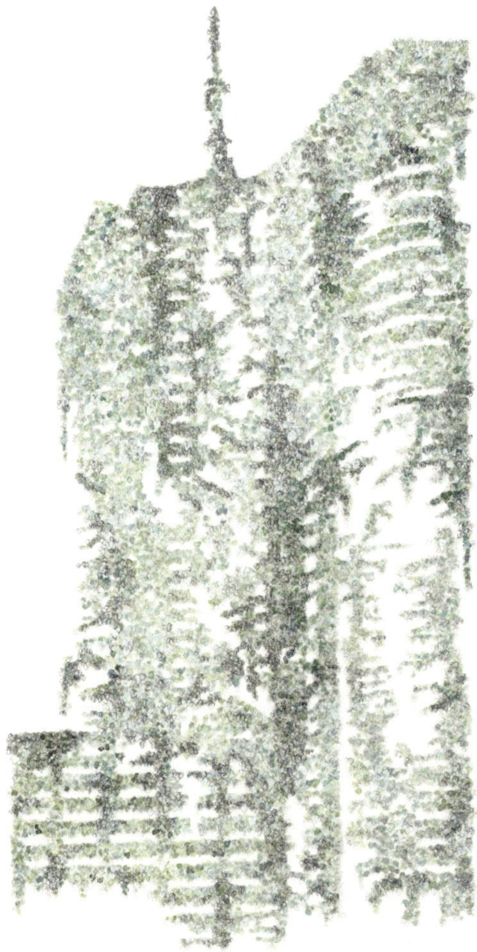

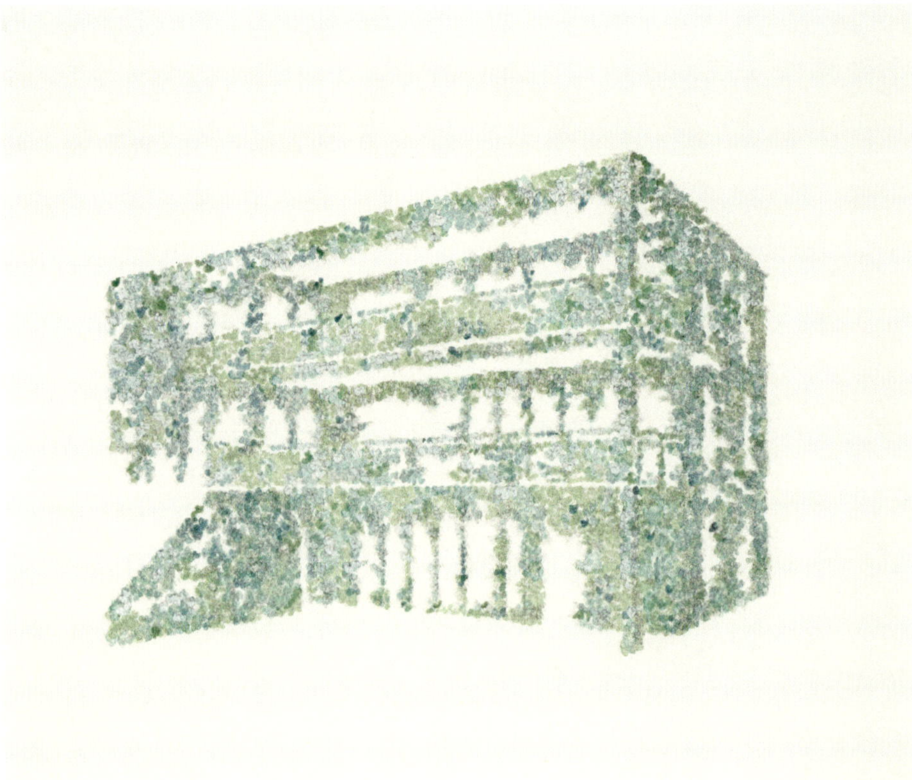

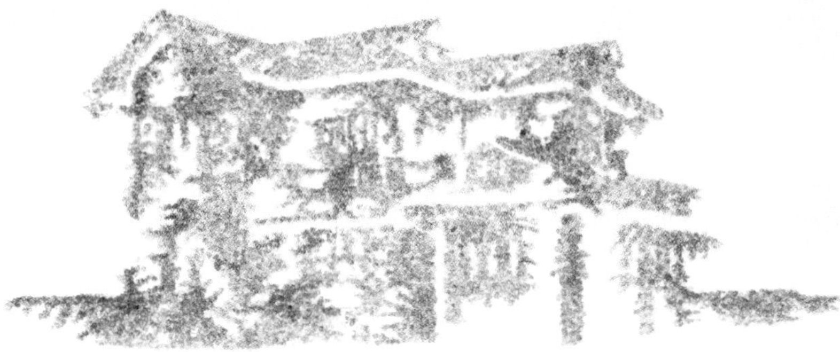

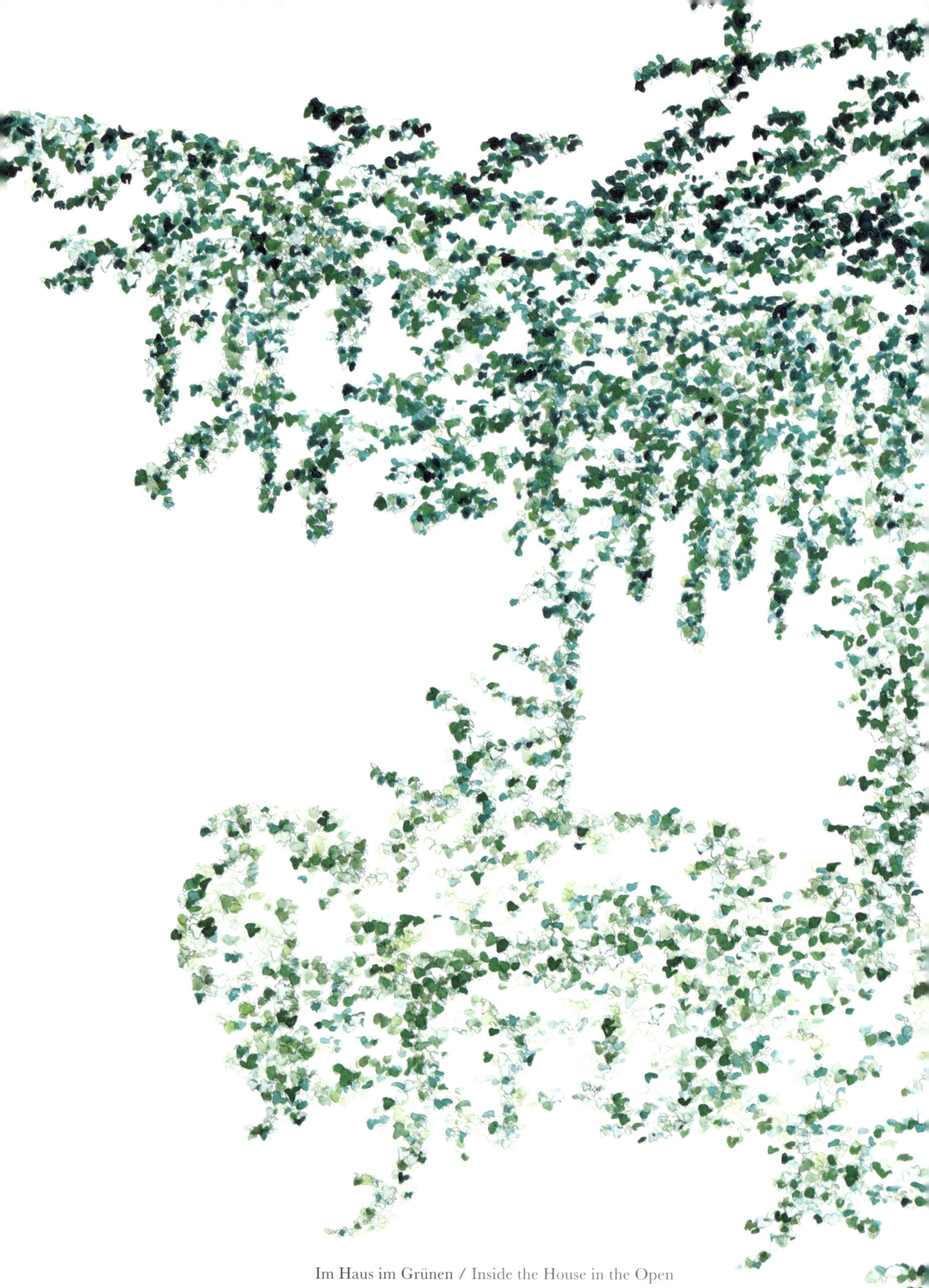

Im Haus im Grünen / Inside the House in the Open

Serie, Mischtechnik auf Papier / series, mixed media on paper, 115 x 145 cm, 2017

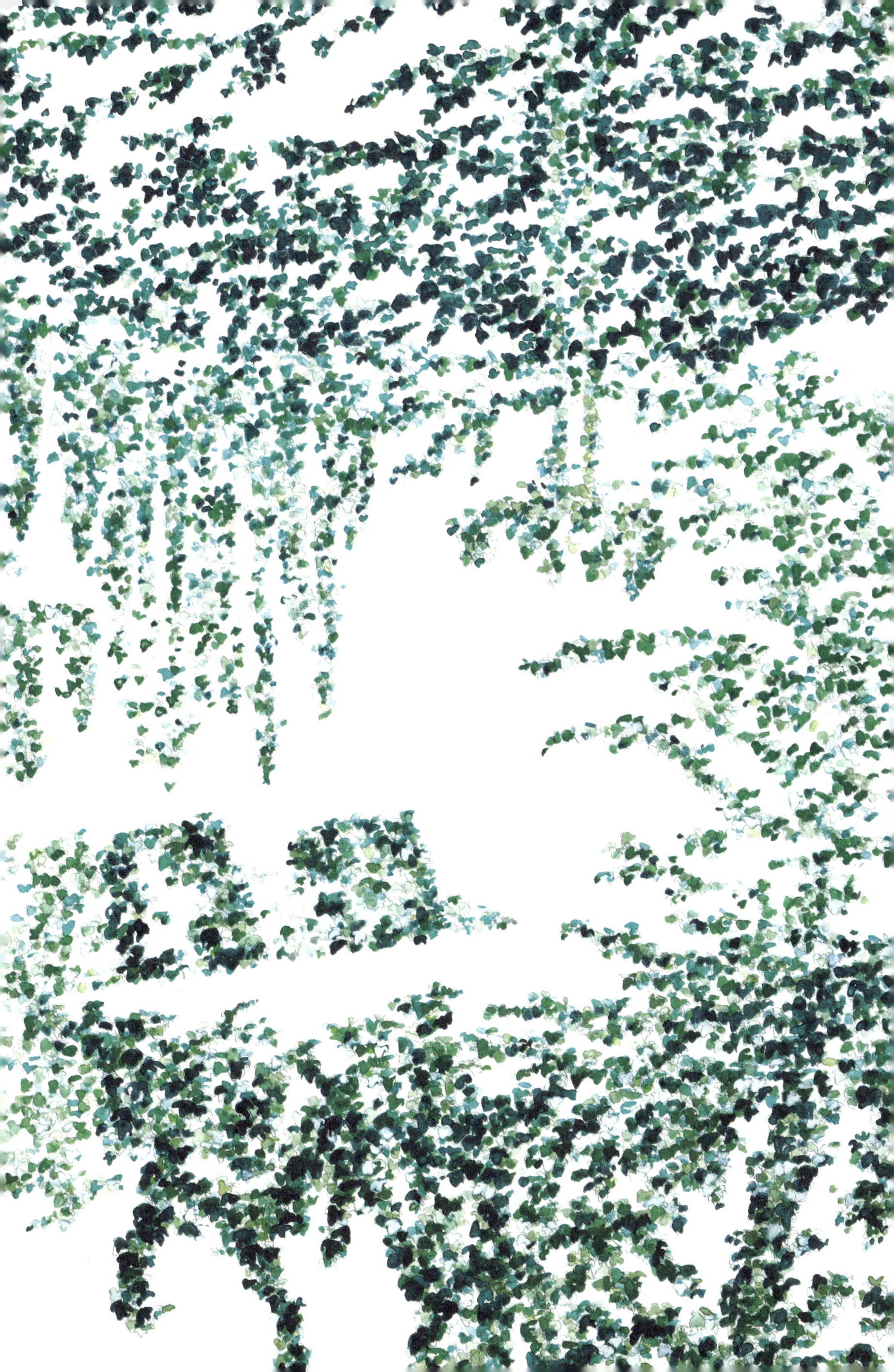

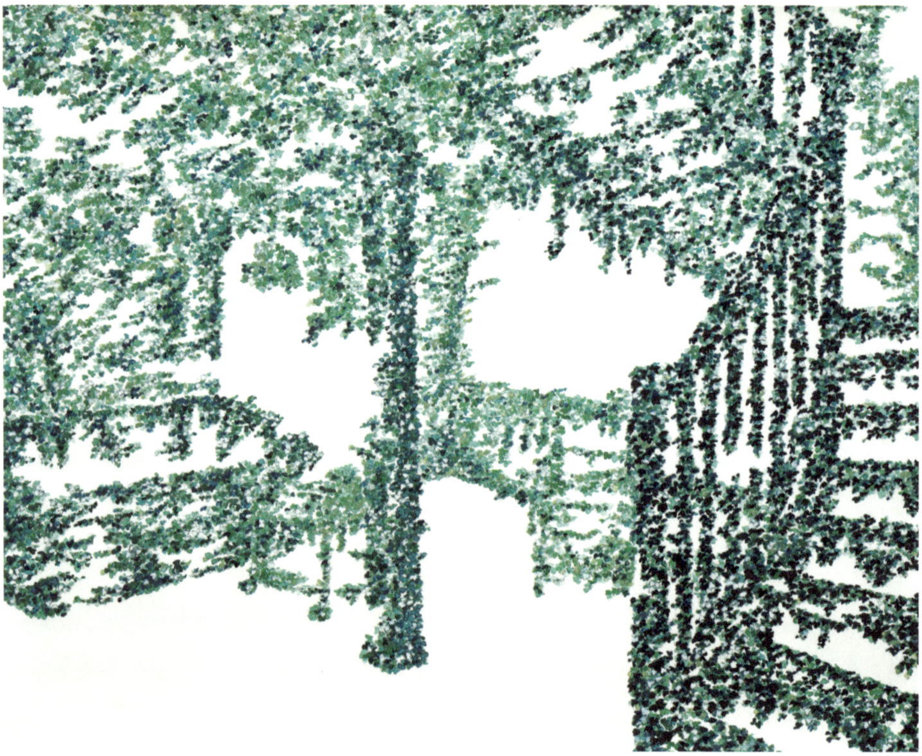

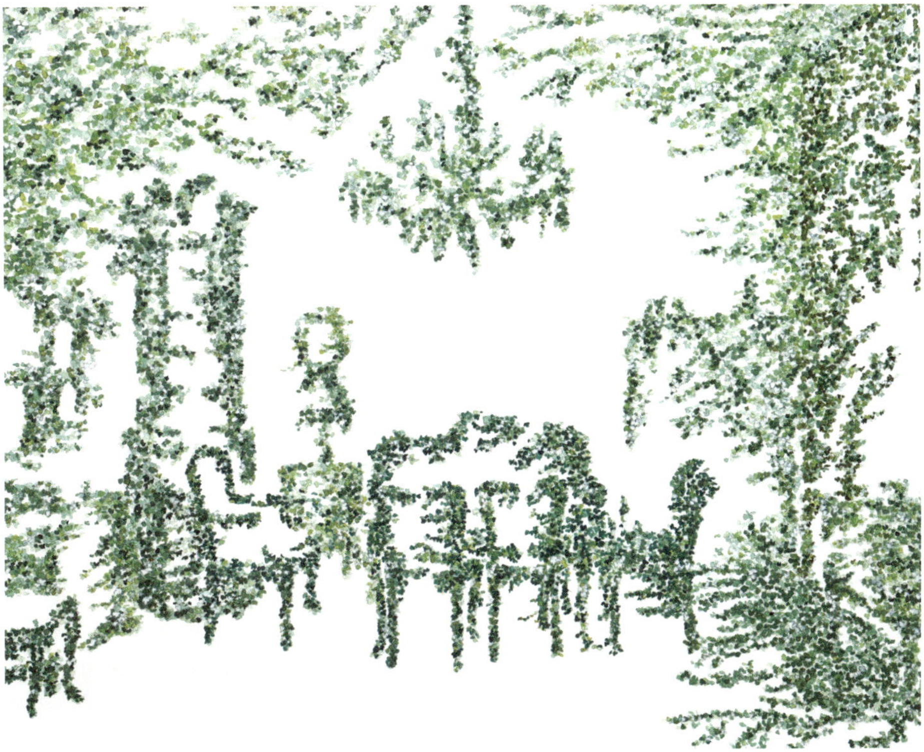

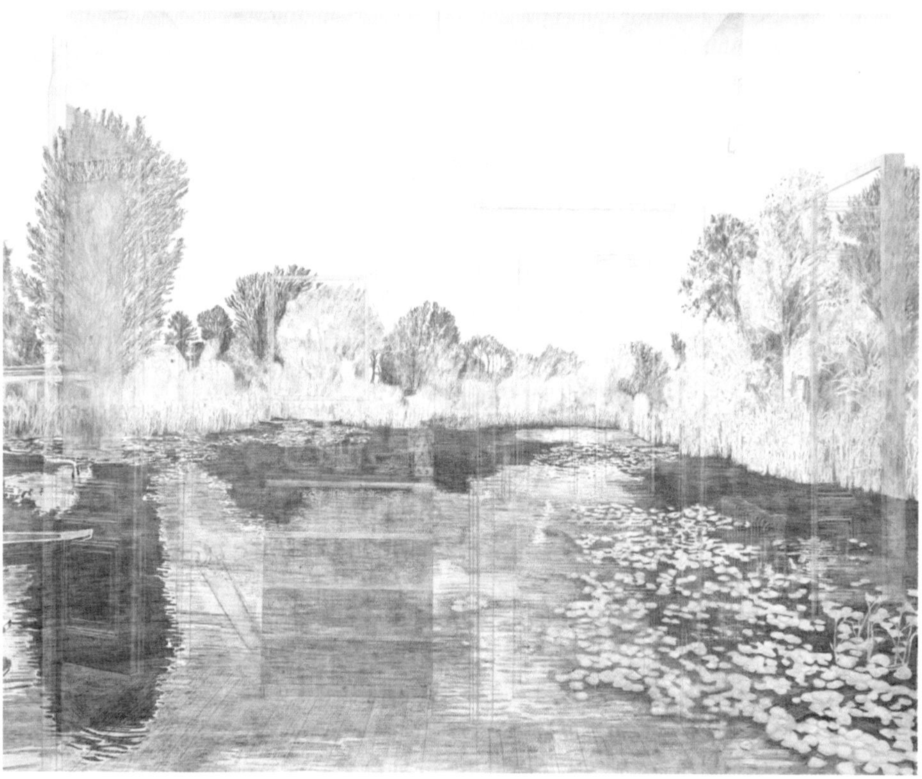

Double Sight

Serie, Bleistift auf Papier / series, pencil on paper, 110 x 150 cm, 2017

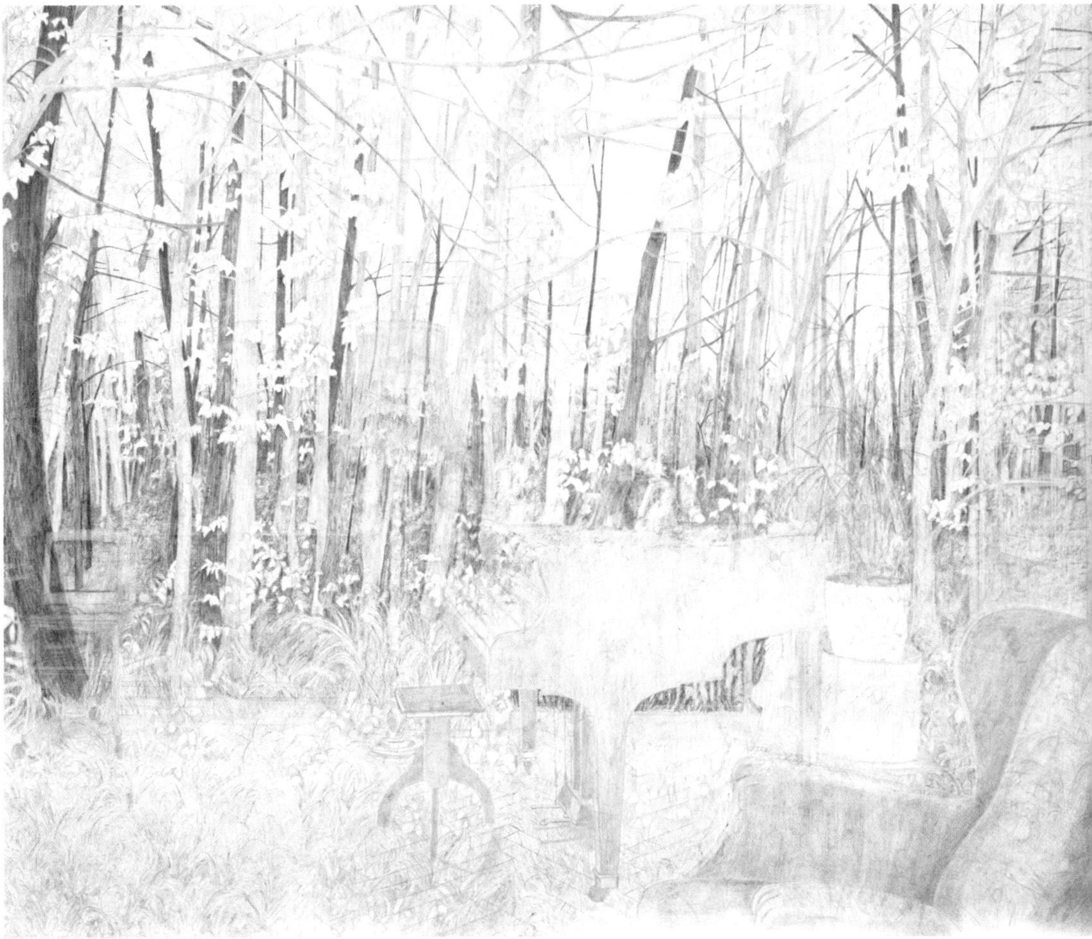

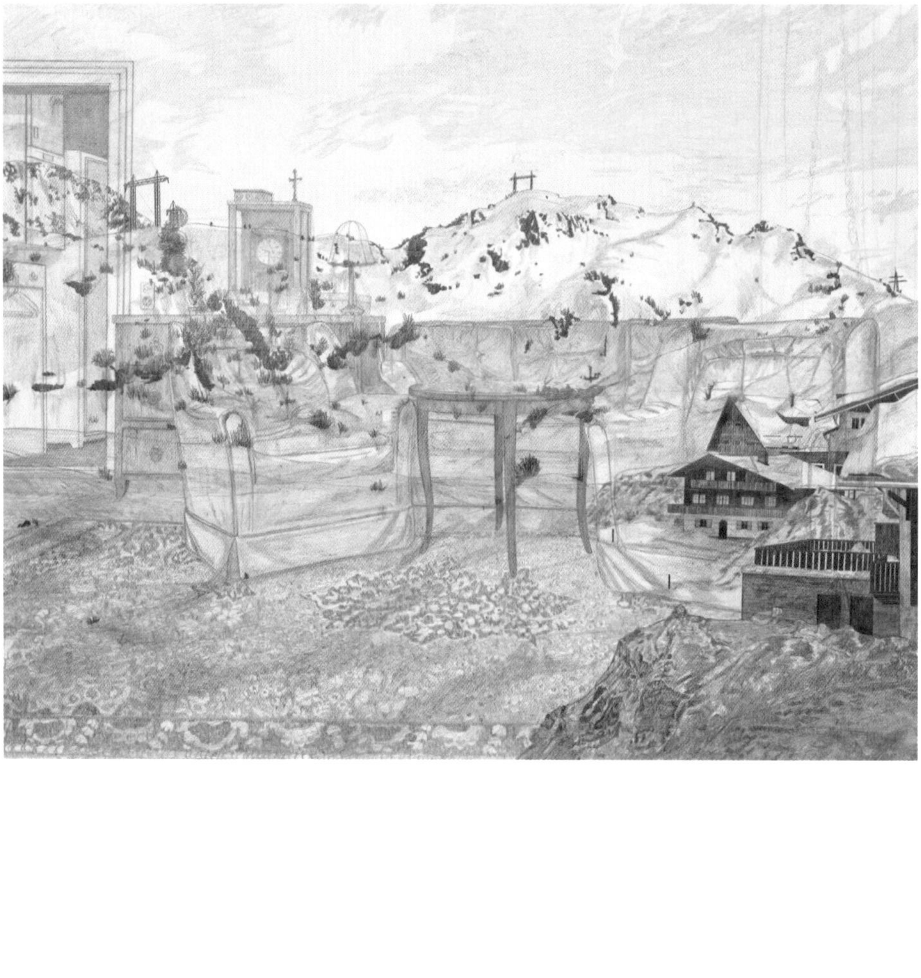

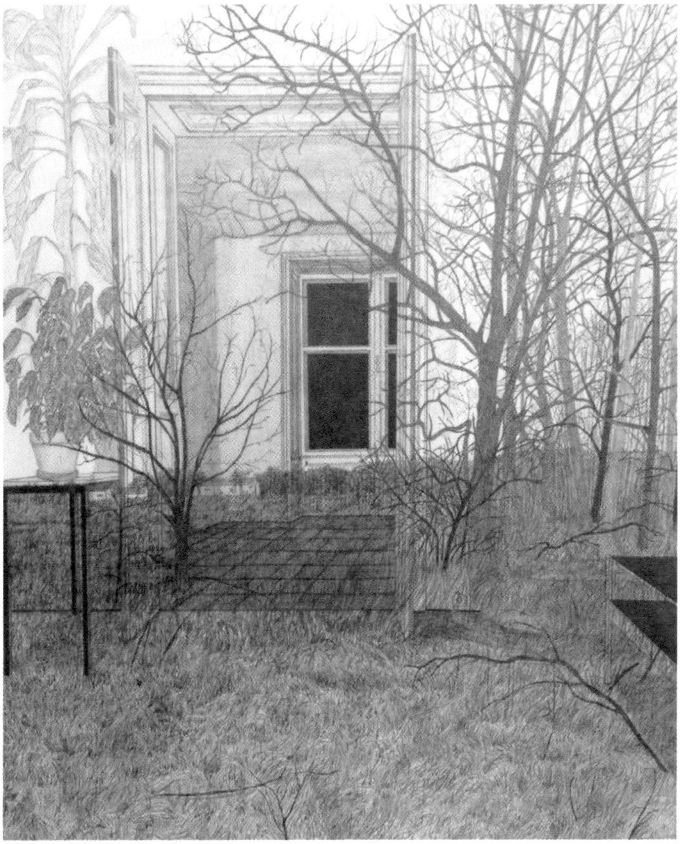

Double Sight

Serie, Bleistift auf Papier / series, pencil on paper, 60 x 50 cm, 2014

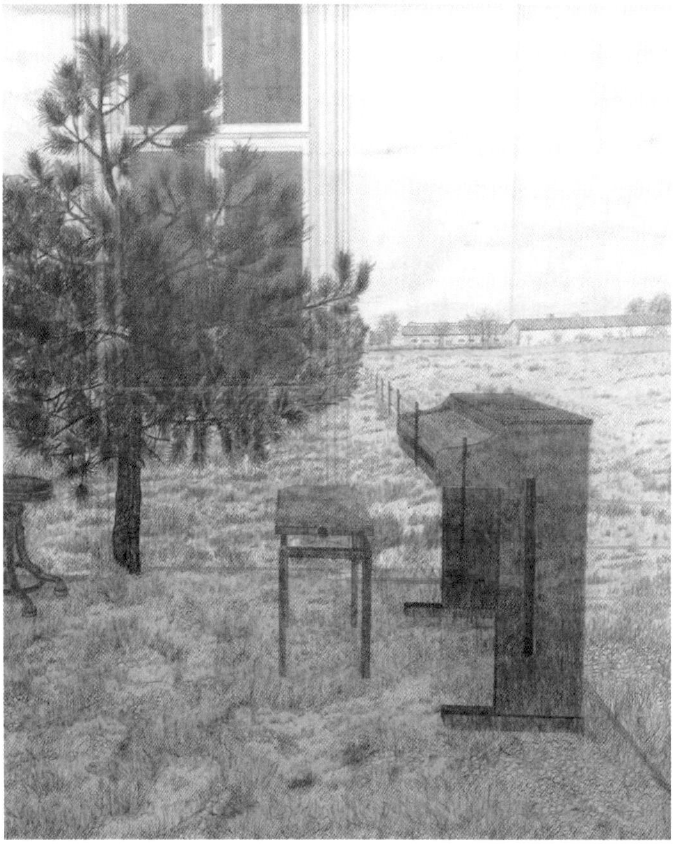

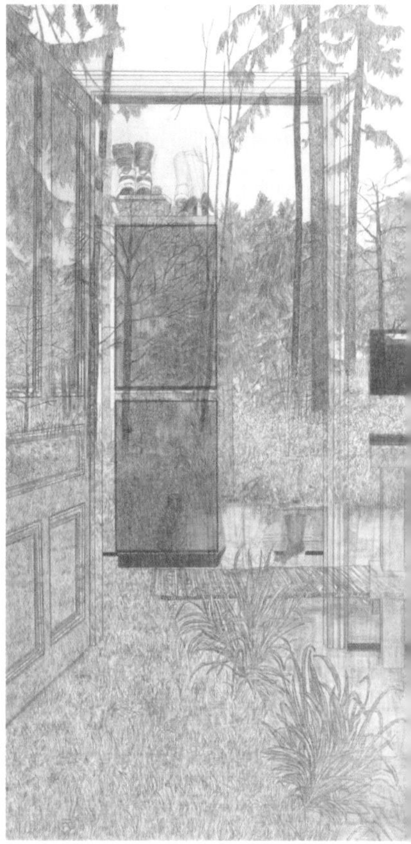

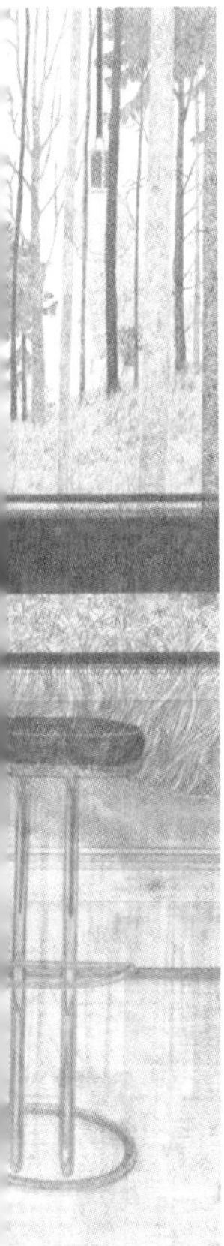
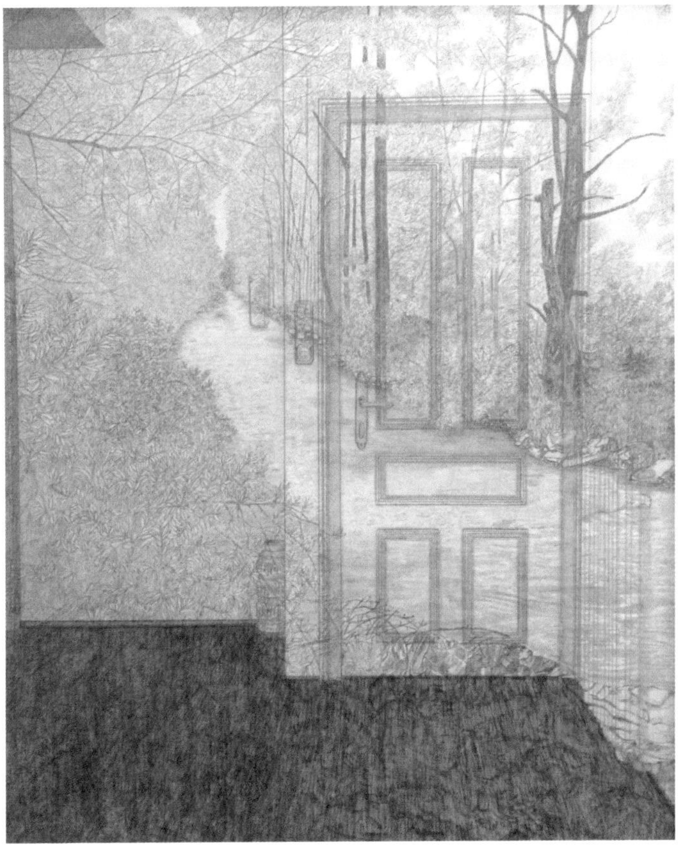

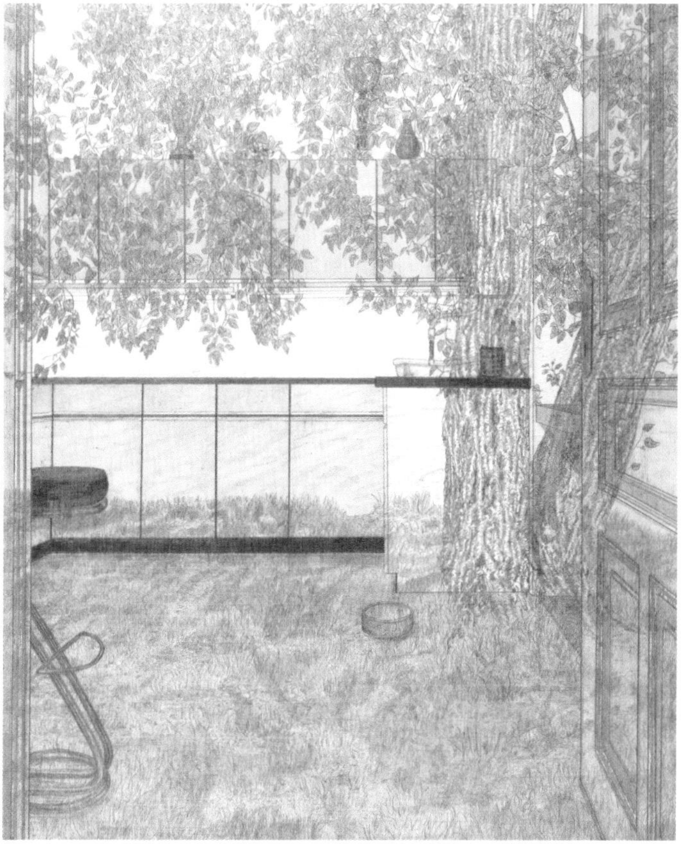

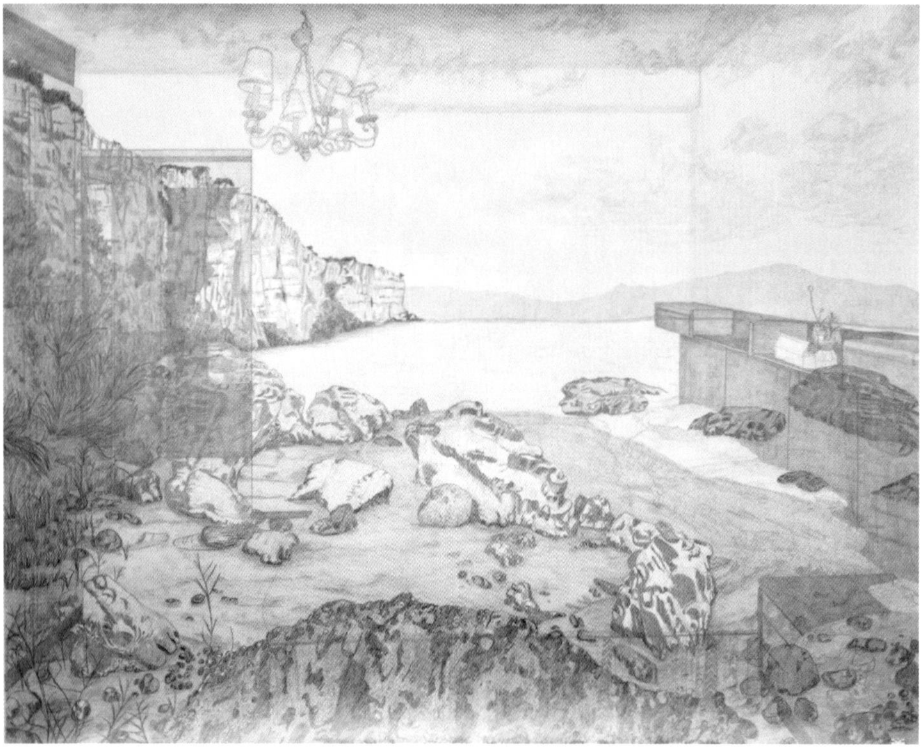

Double Sight

Serie, Bleistift auf Papier / series, pencil on paper, 80 x 100 cm, 2015

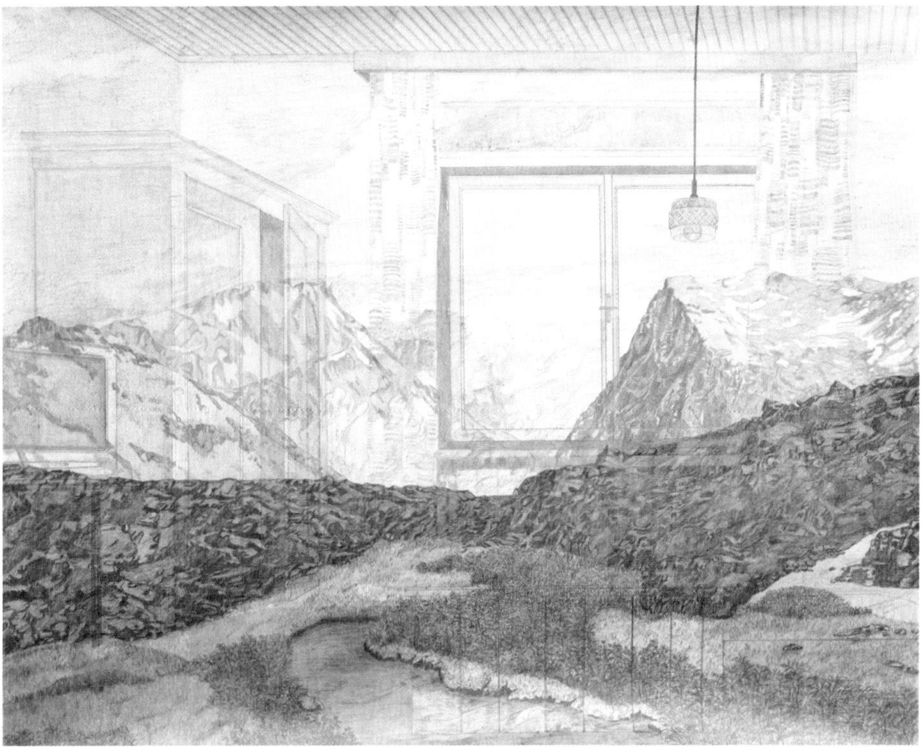

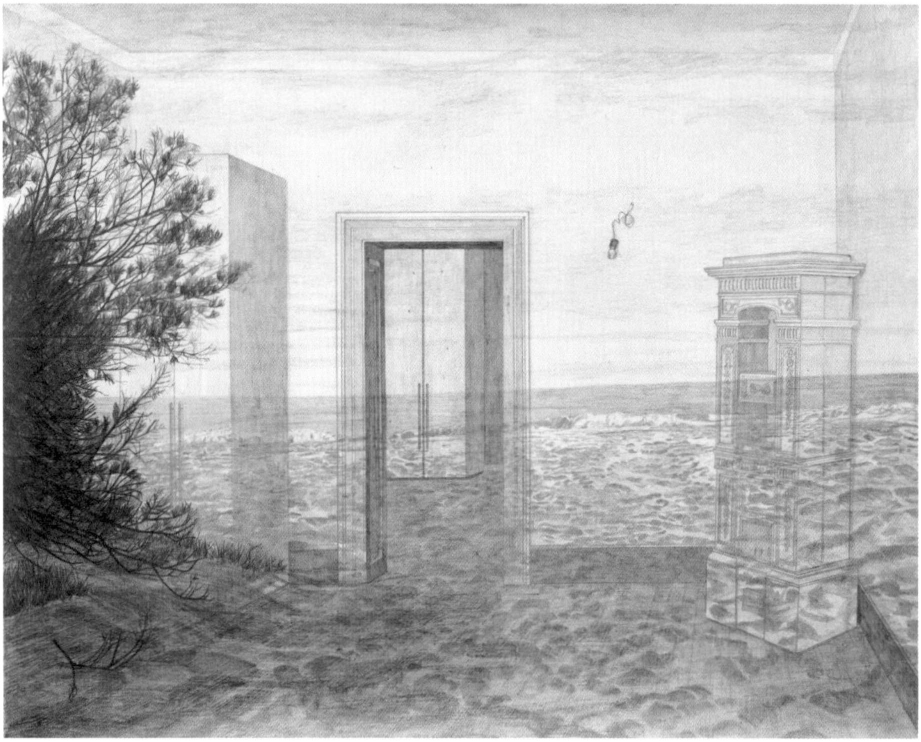

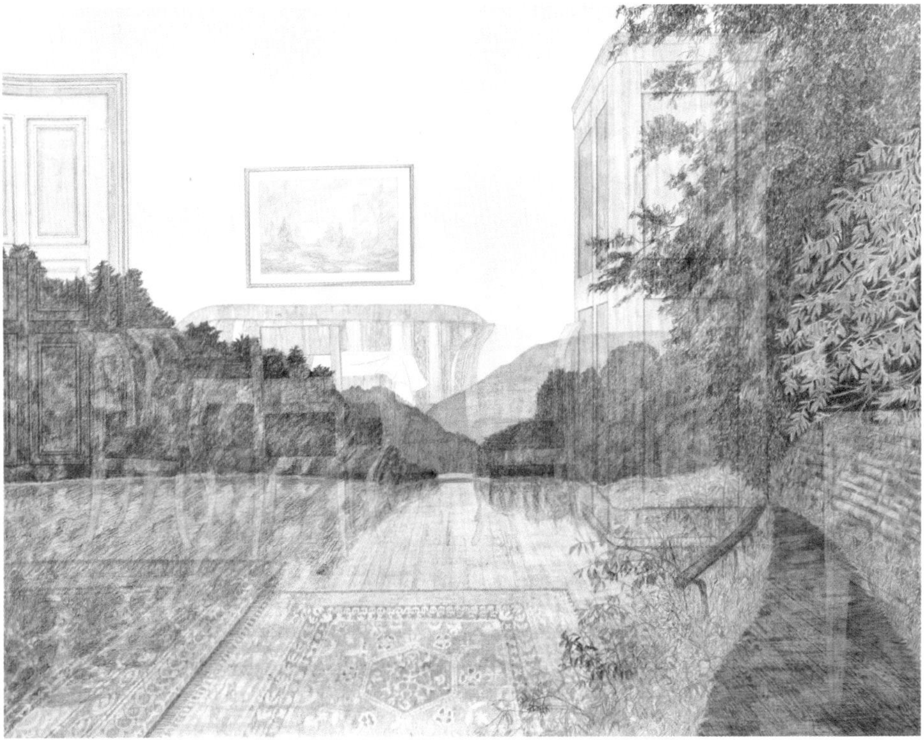

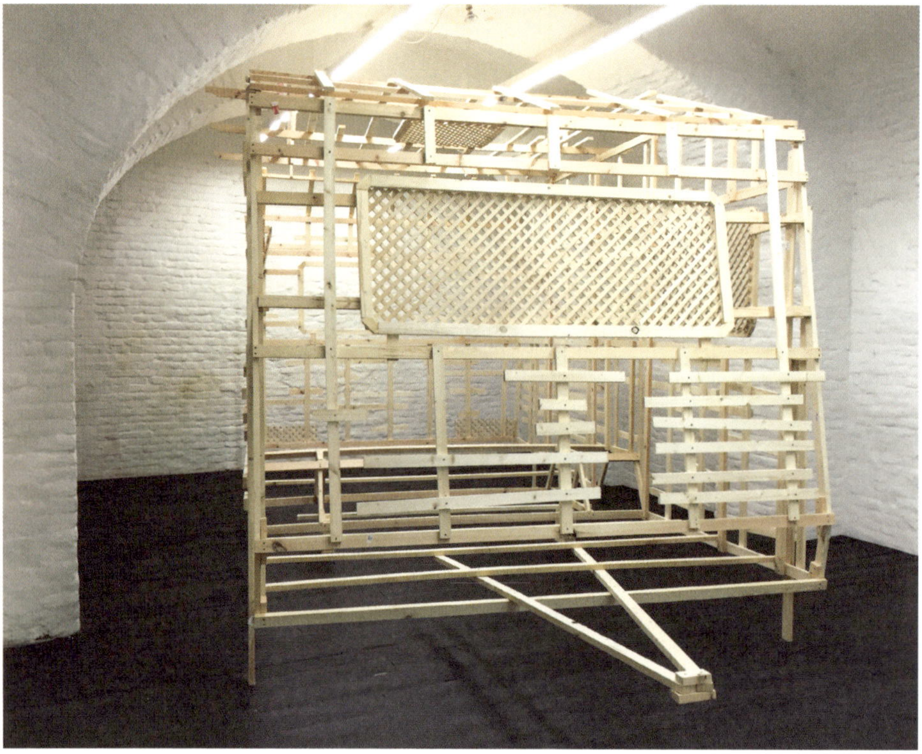

Laube / Arbour

Holzspalier / wooden trellis, 500 x 250 x 280 cm, 2015

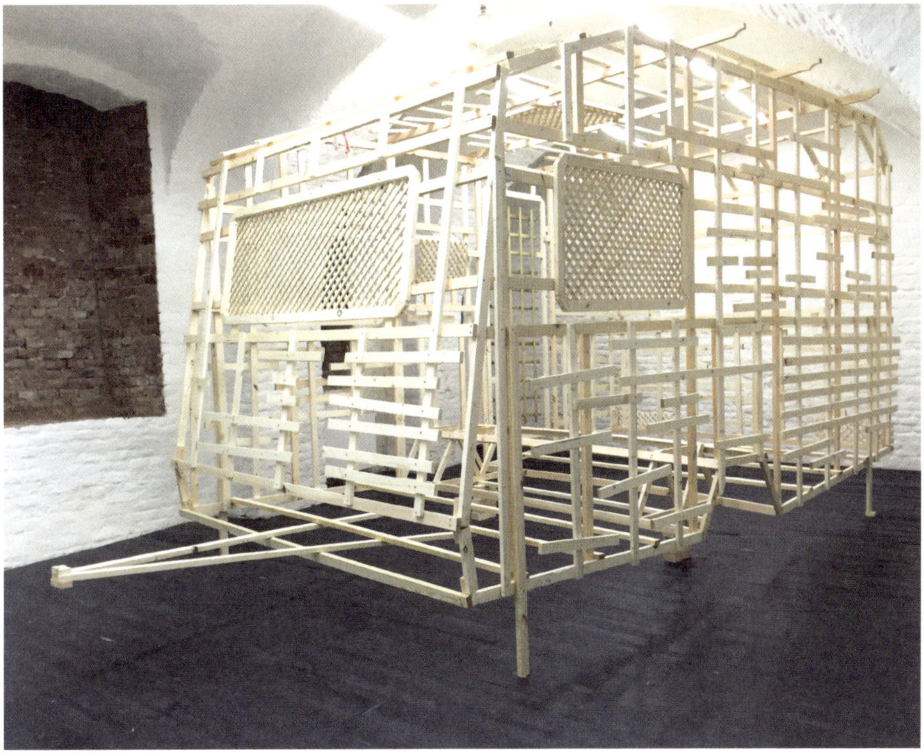

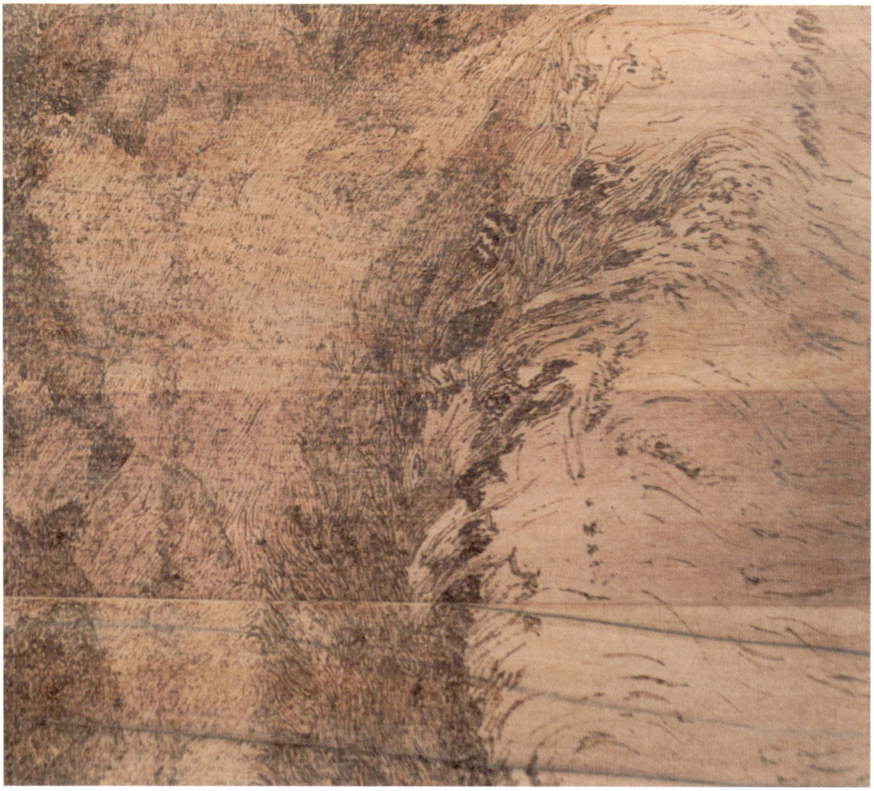

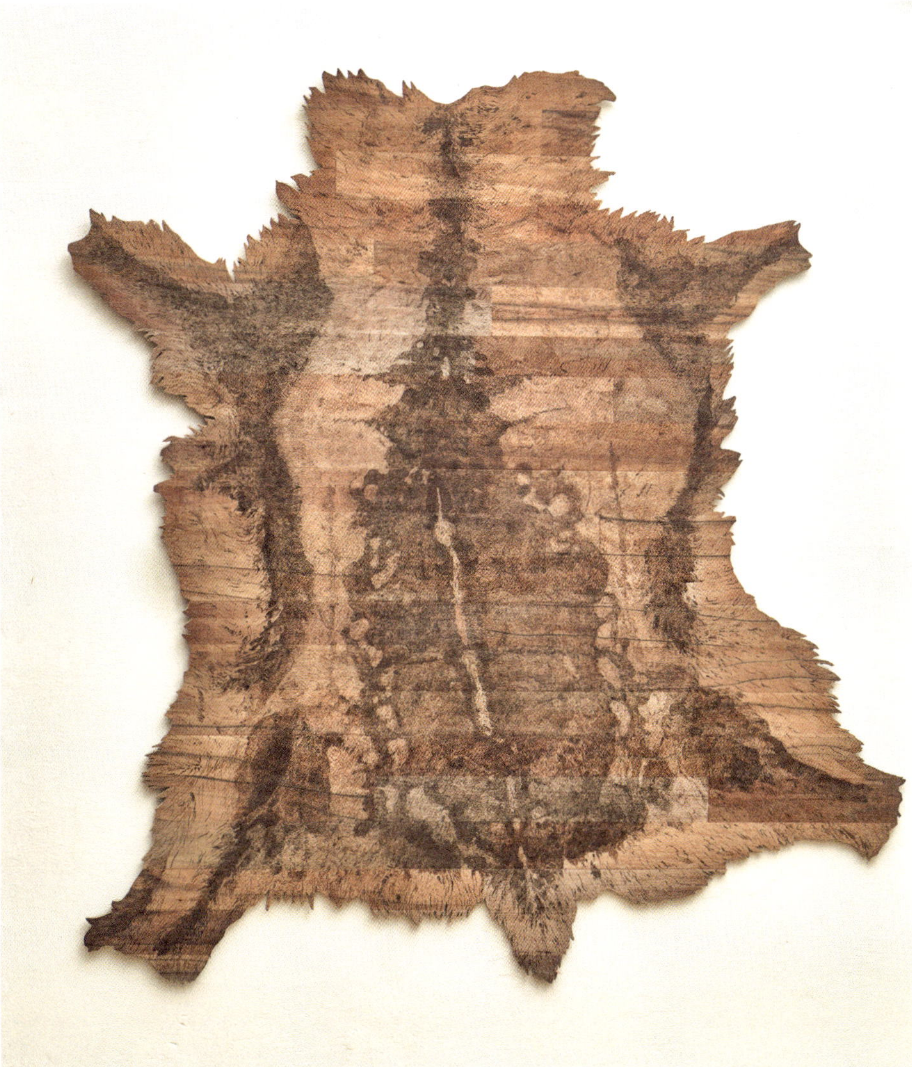

Fellimitat / Imitation Fur

Zeichnung auf Parkett, Brandgravur / drawing on parquet floor, burned engraving, ca. 130 x 120 cm, 2013

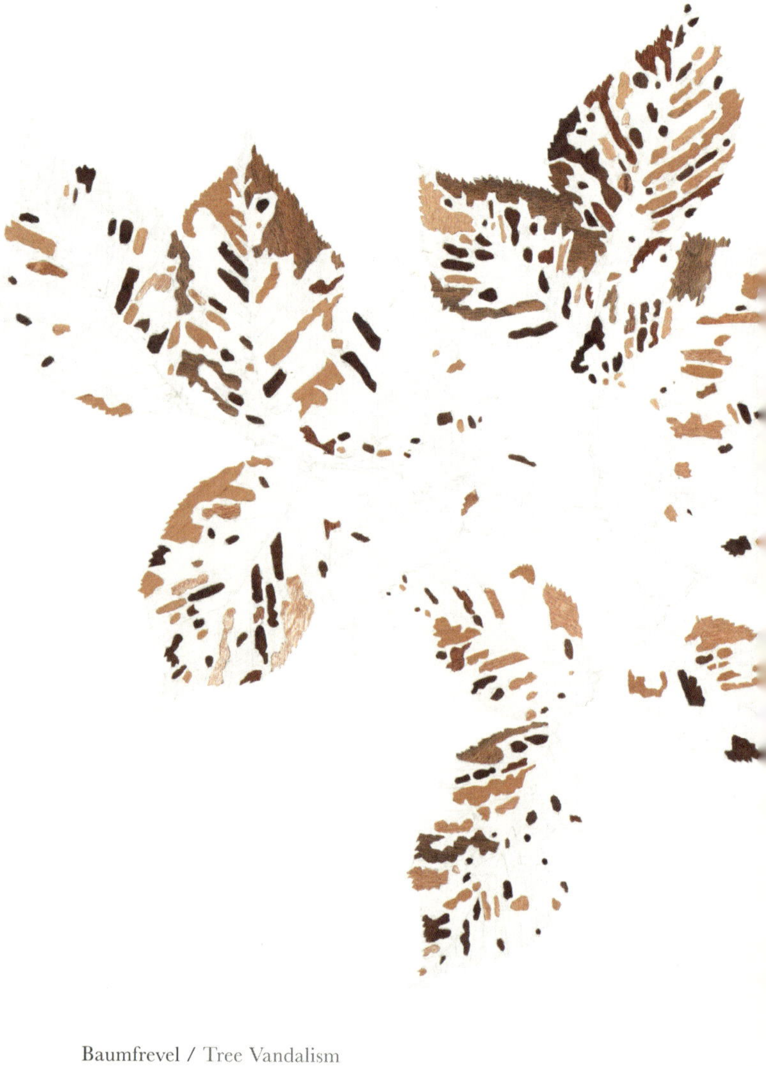

Baumfrevel / Tree Vandalism

Serie, Bleistiftzeichnung mit Holzintarsie / series, pencil on paper with wooden tarsia, 70 x 90 cm, 2016–2017

Baumfrevel / Tree Vandalism

Serie, Bleistiftzeichnung mit Holzintarsie / series, pencil on paper with wooden tarsia, 40 x 30 cm, 2016–2017

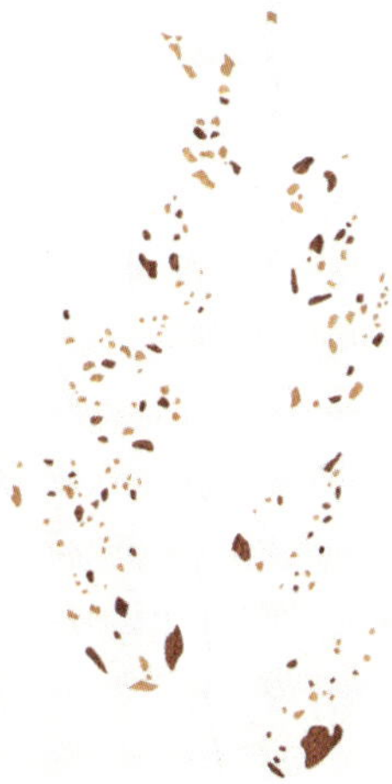

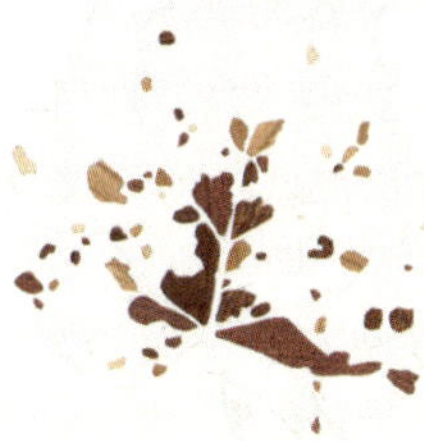

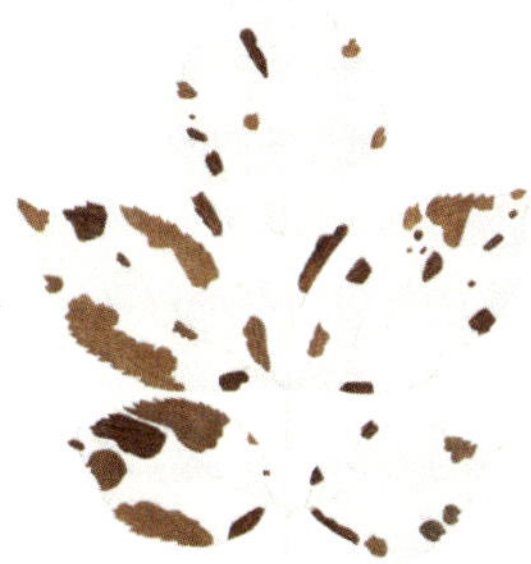

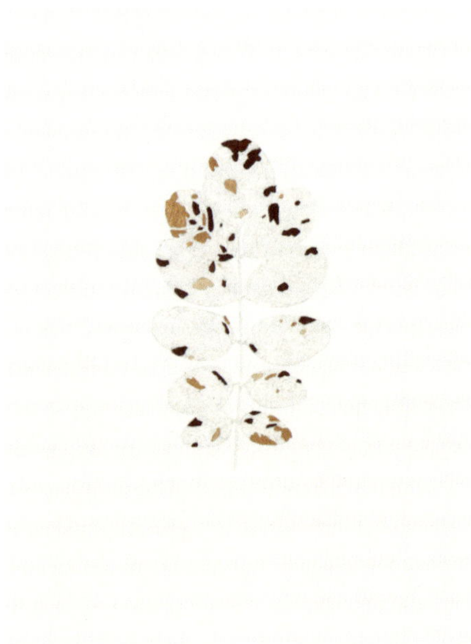

Baumfrevel / Tree Vandalism

Serie, Bleistiftzeichnung mit Holzintarsie / series, pencil on paper with wooden tarsia, 50 x 60 cm, 2016

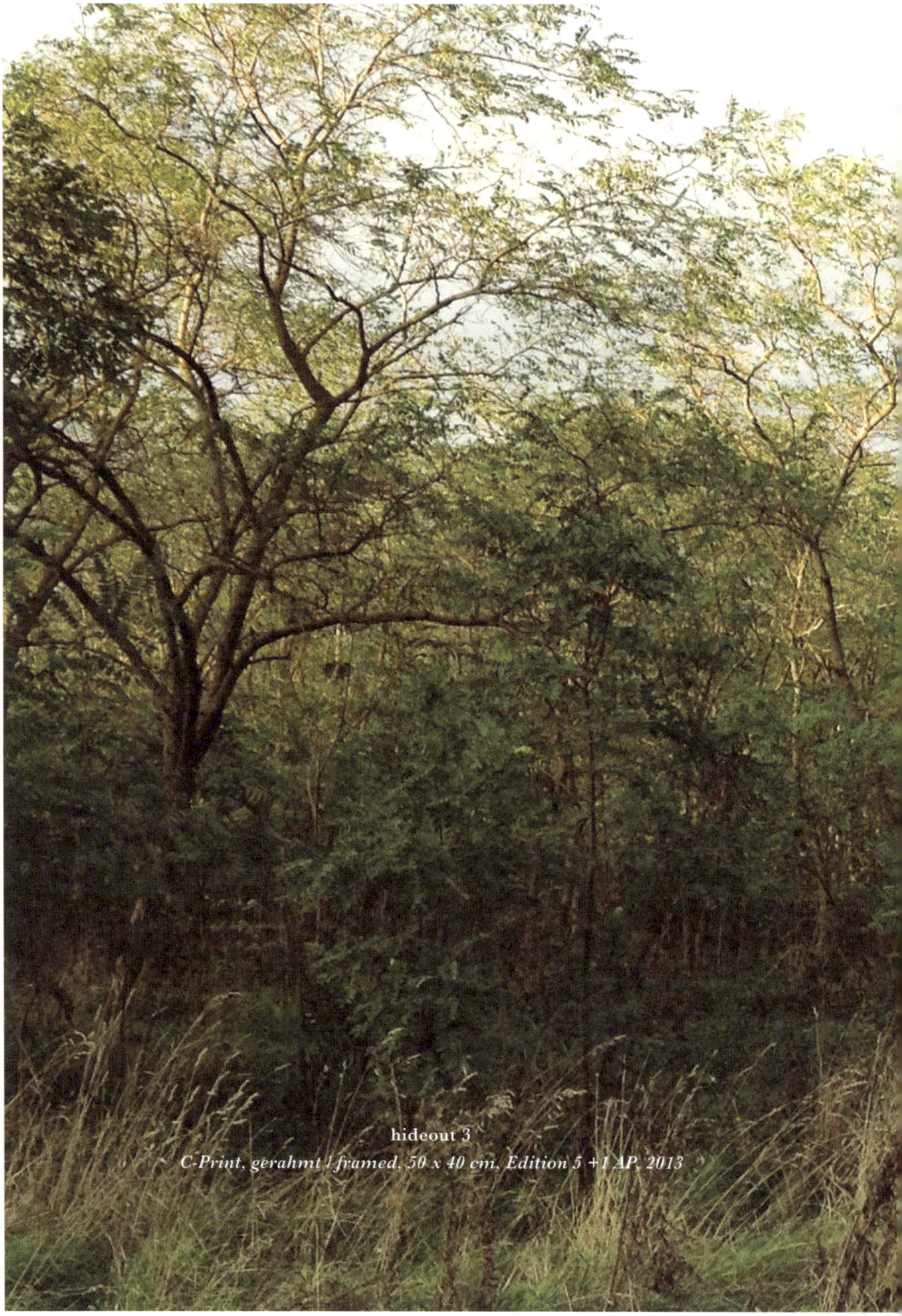

hideout 3
C-Print, gerahmt / framed, 50 x 40 cm, Edition 5 +1 AP, 2013

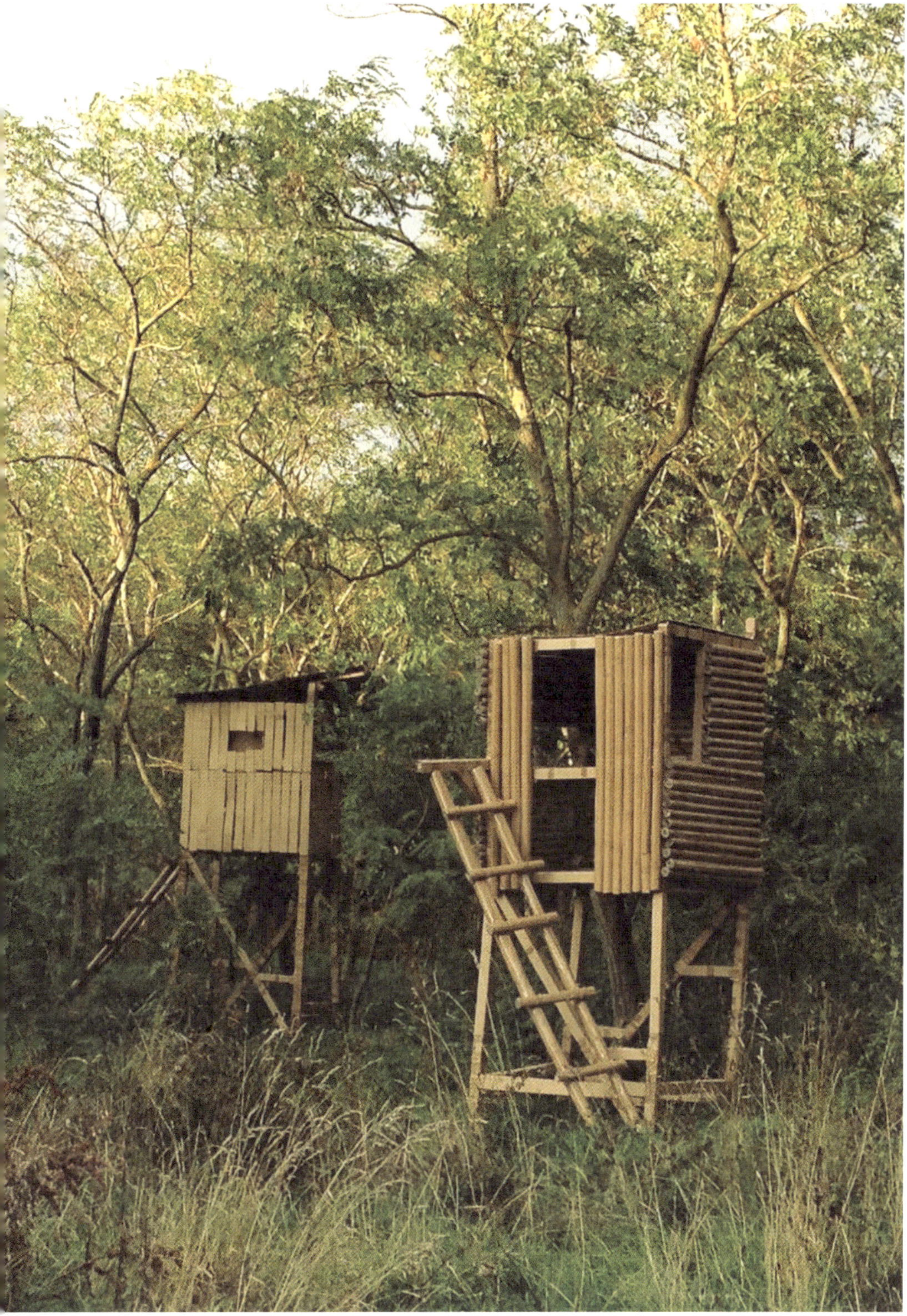

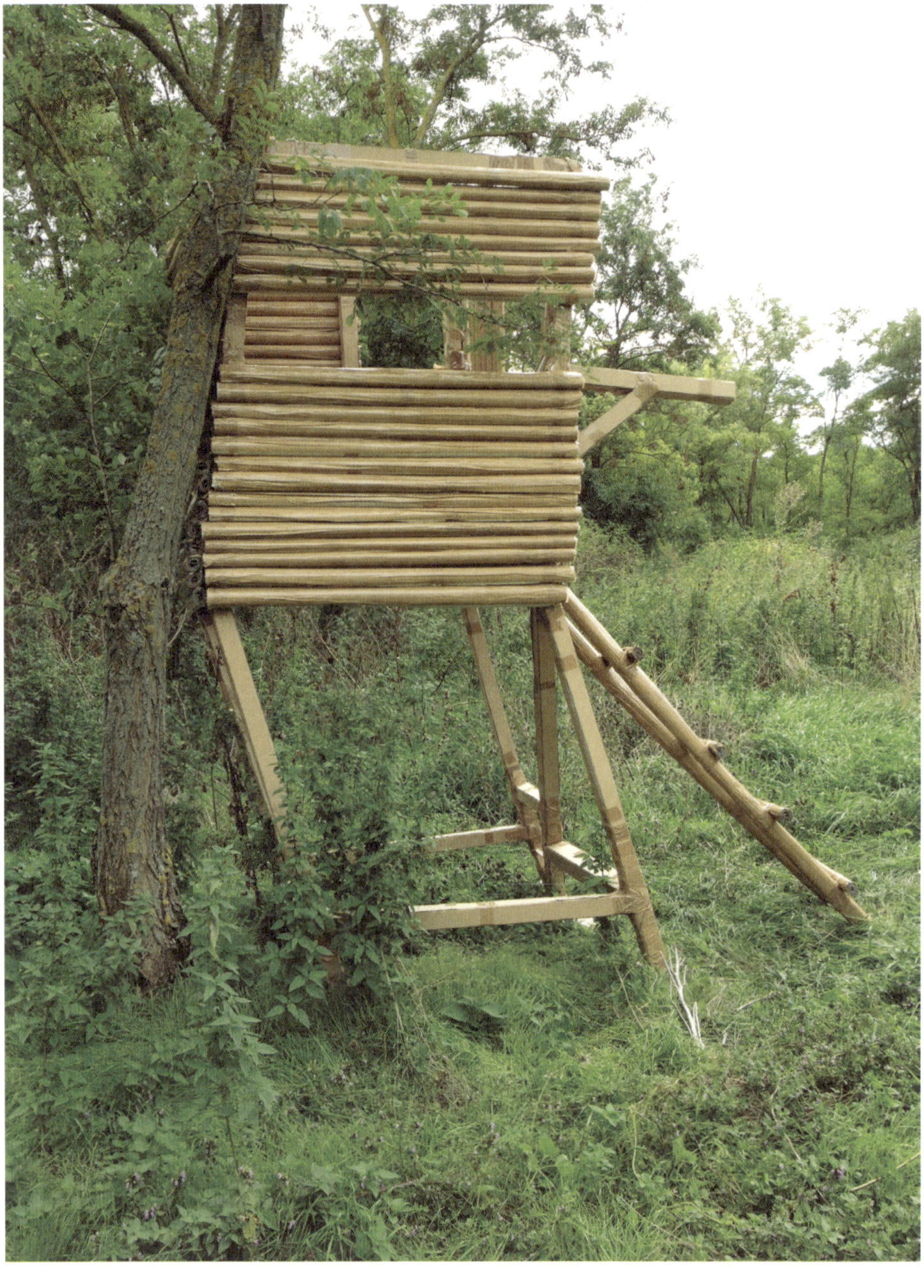

hideout 1

C-Print, gerahmt / framed, 30 x 40 cm, Edition 5 +1 AP, 2013

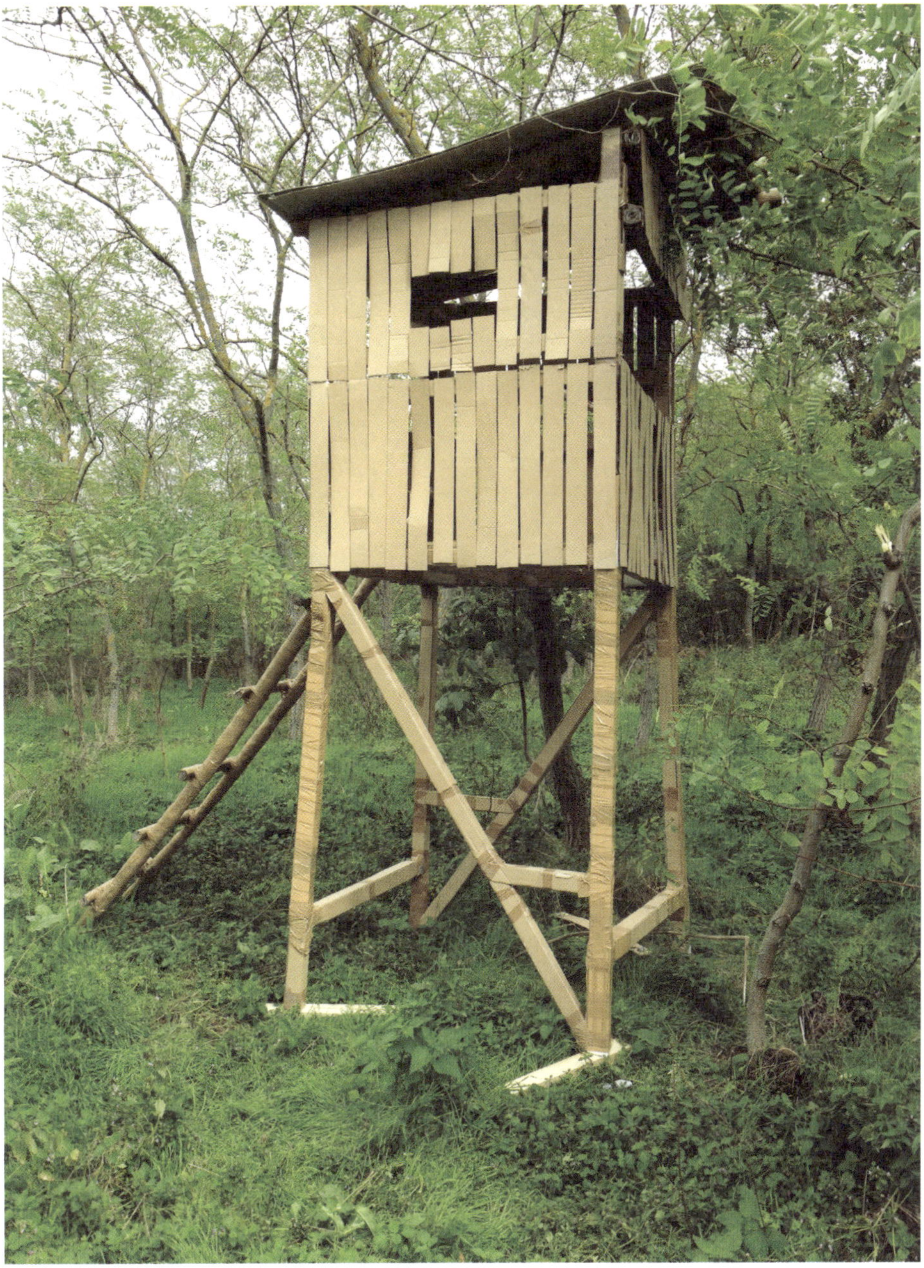

hideout 2

C-Print, gerahmt / framed, 30 x 40 cm, Edition 5 +1 AP, 2013

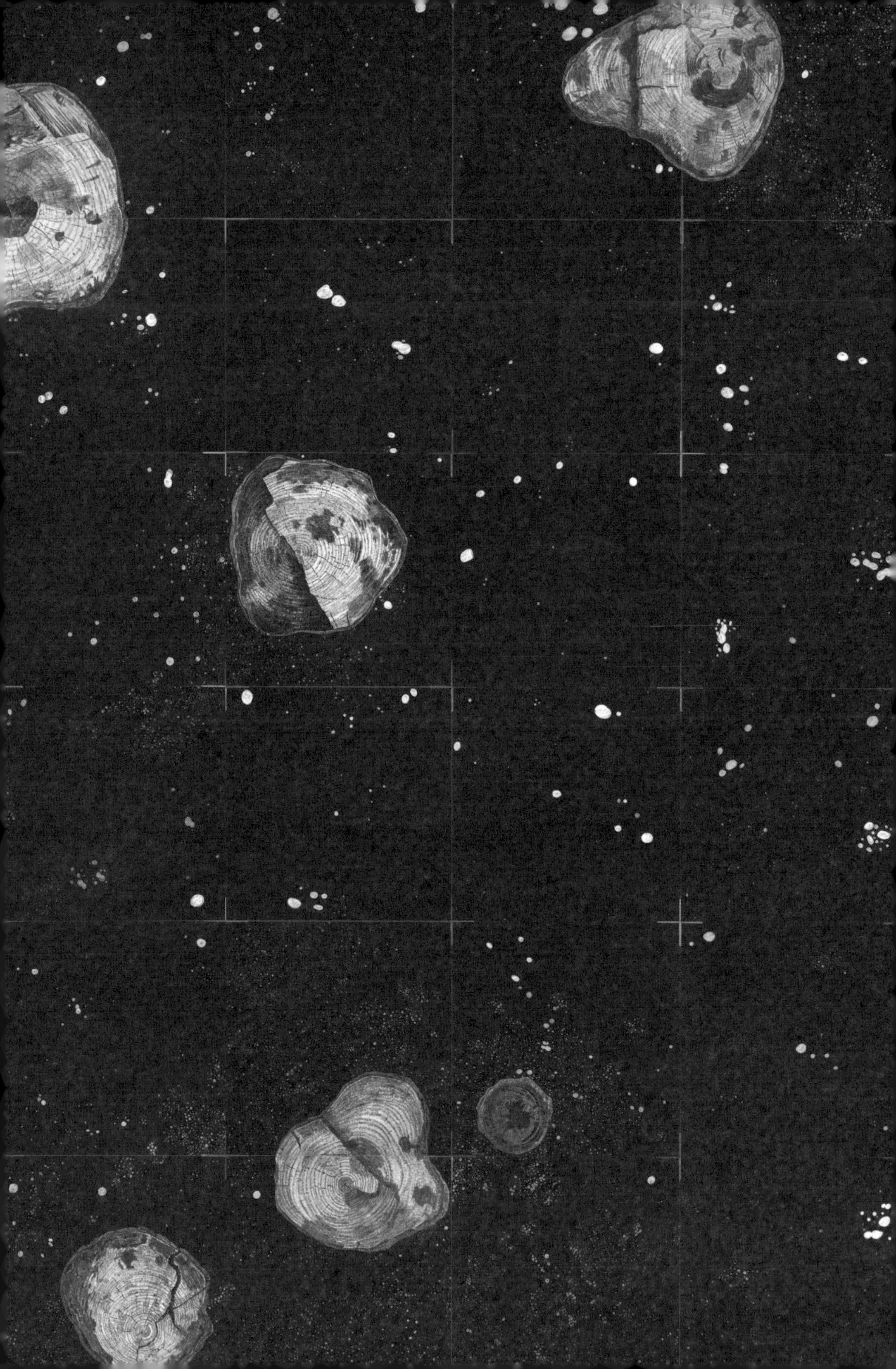

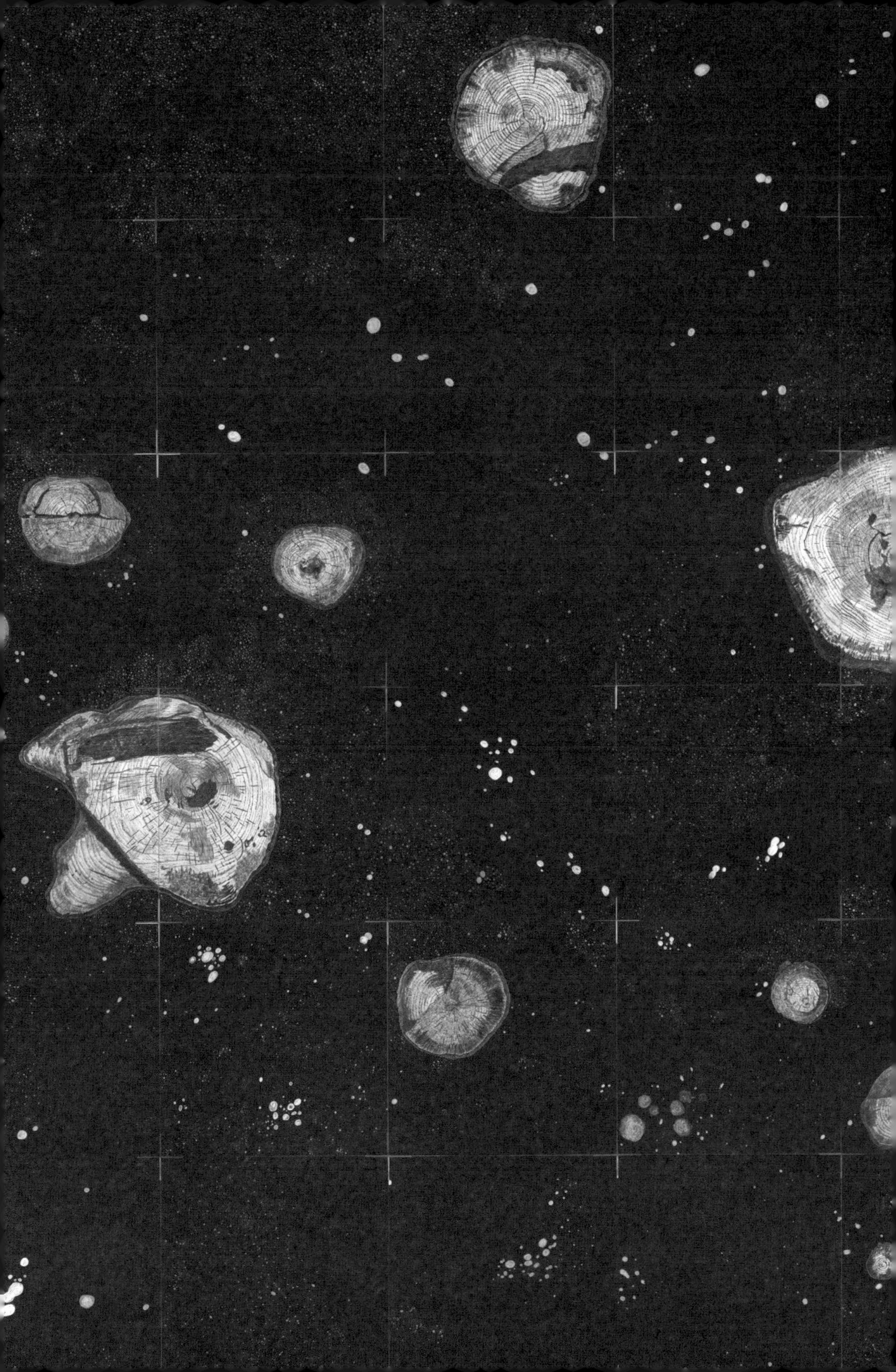

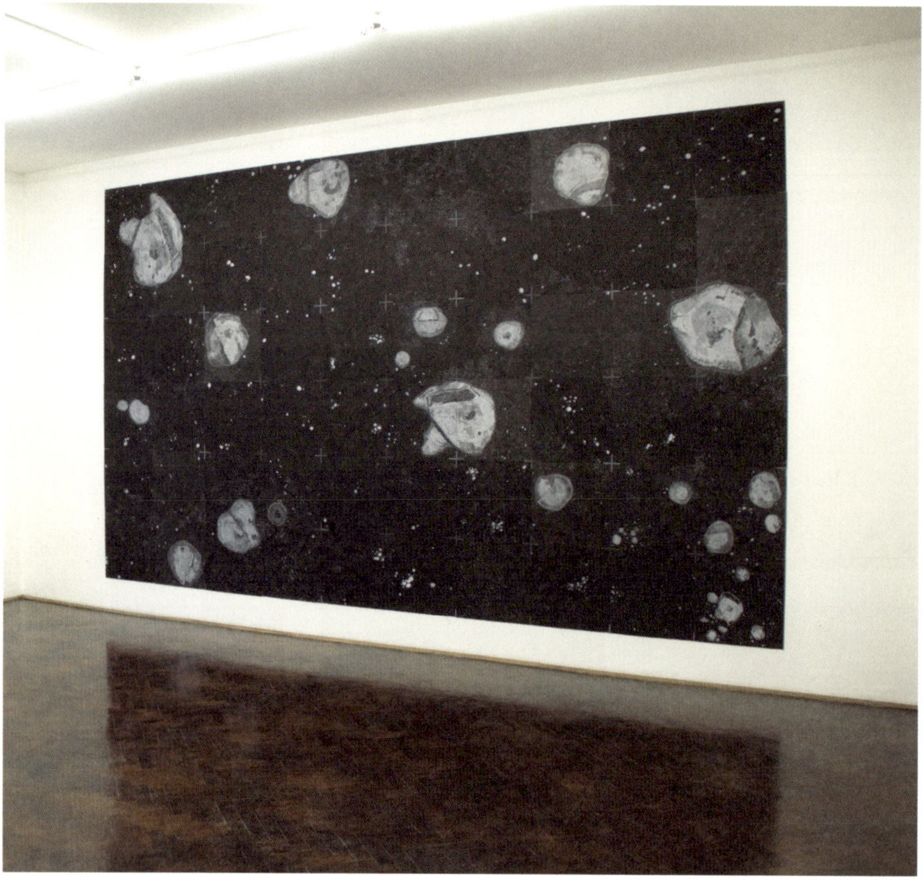

Kahlschlag oder die große Leere / Logging or the Big Void
Kreide und Bleistift auf Papier / chalk and pencil on paper, 300 x 500 cm, 2016

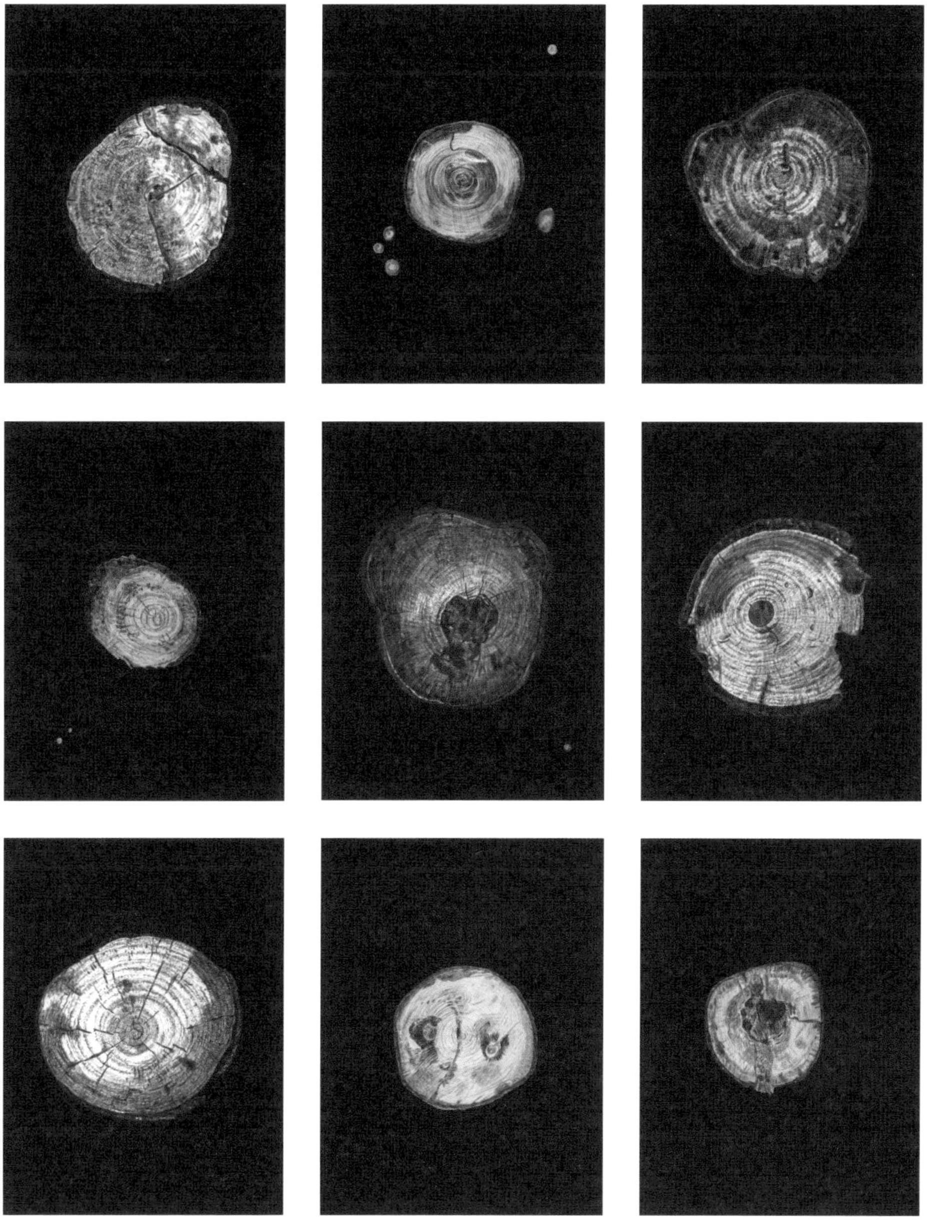

Kahlschlag / Logging

Serie, Kreide und Bleistift auf Papier / series, chalk and pencil on paper, 40 x 30 cm, 2016

Natural Cover

Papierritzung / paper scratching, 50 x 60 cm, 2017

Natural Cover

Serie, Papierritzung / series, paper scratching, 70 x 90 cm, 2015

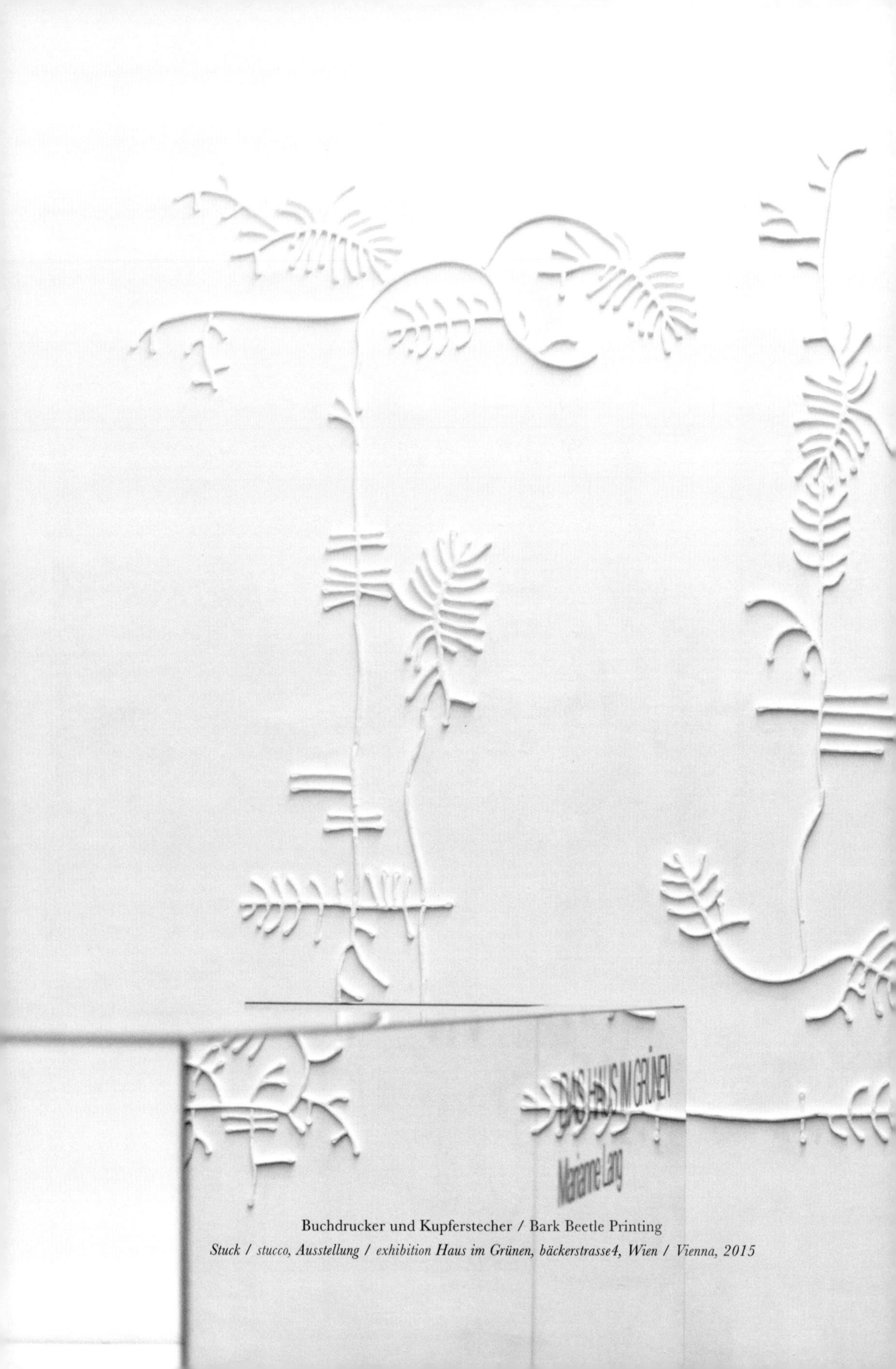

Buchdrucker und Kupferstecher / Bark Beetle Printing
Stuck / stucco, Ausstellung / exhibition Haus im Grünen, bäckerstrasse4, Wien / Vienna, 2015

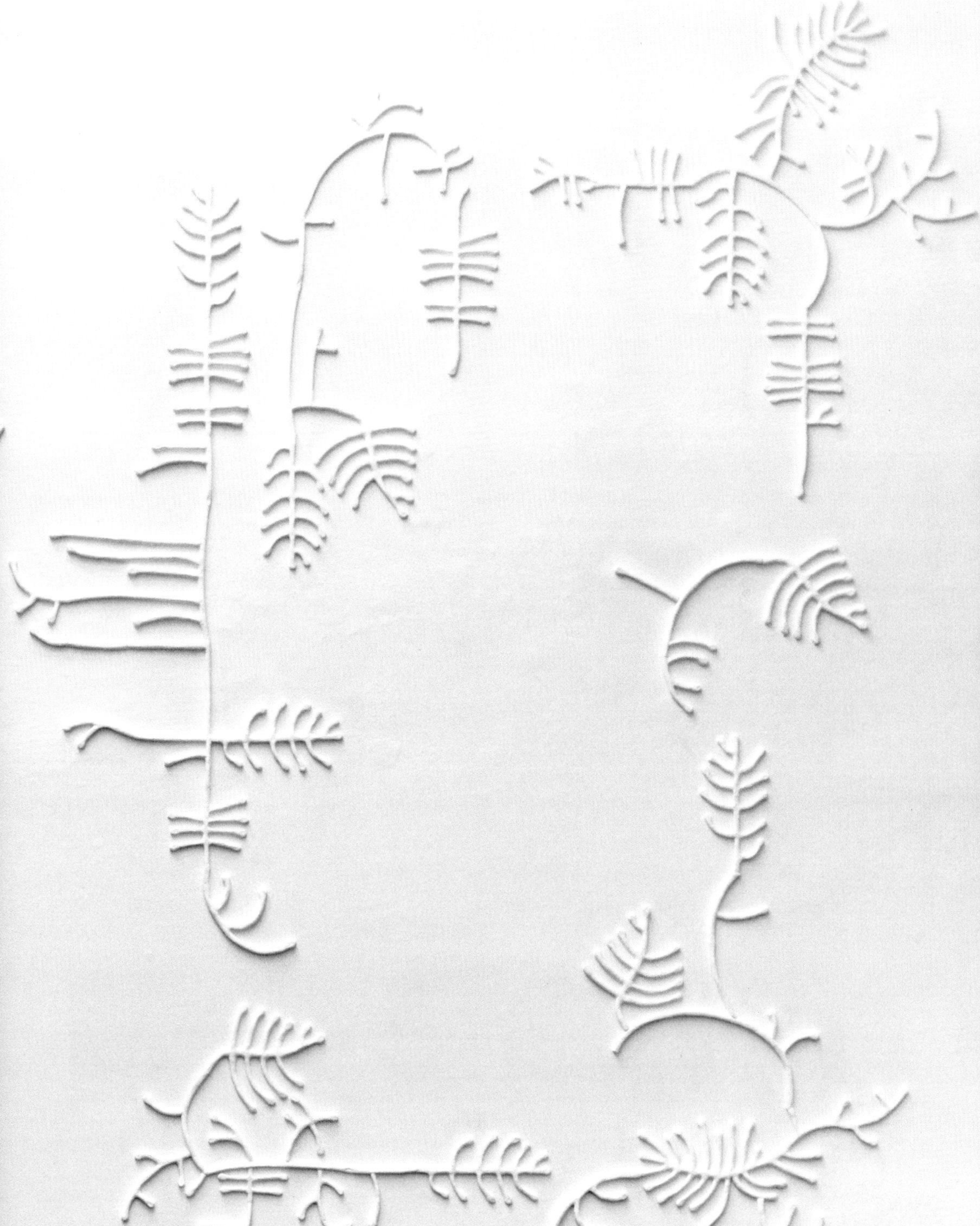

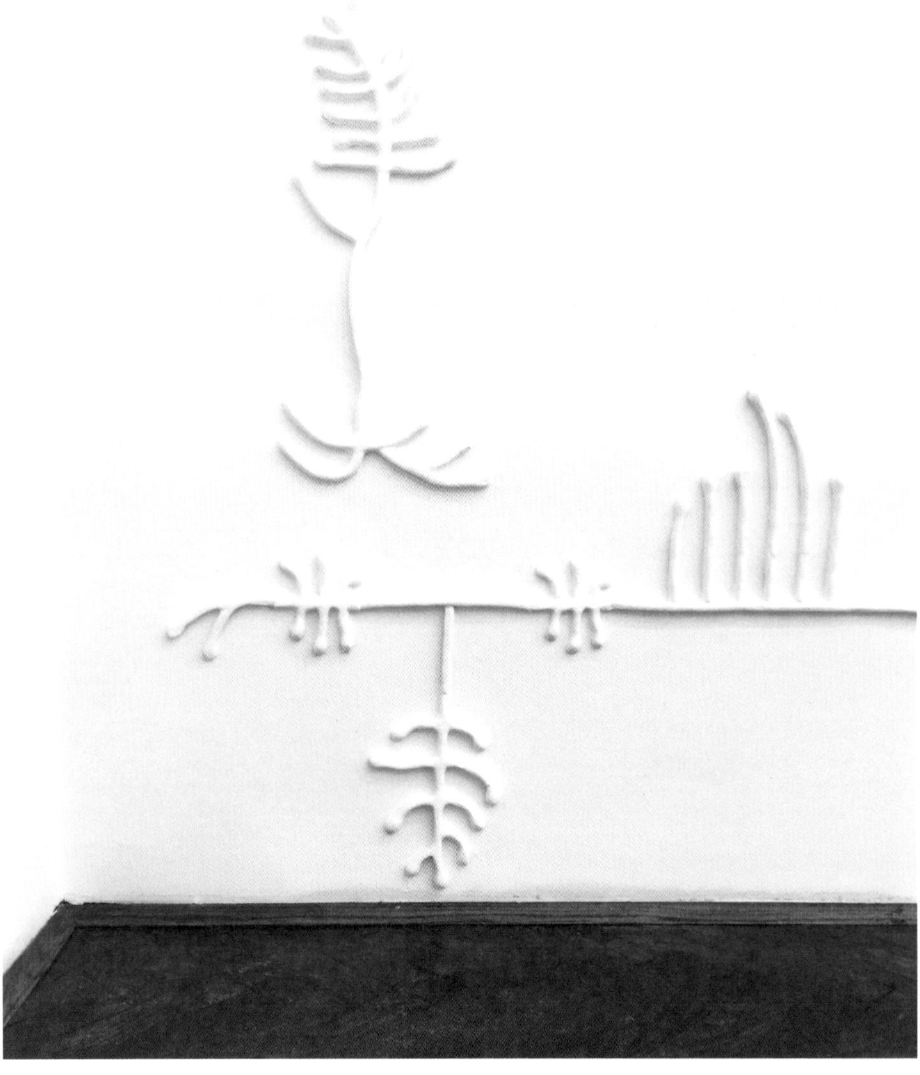

Buchdrucker und Kupferstecher / Bark Beetle Printing

Stuck / stucco, Ausstellung / exhibition Wald, Galerie Zimmermann Kratochwill, Graz, 2017

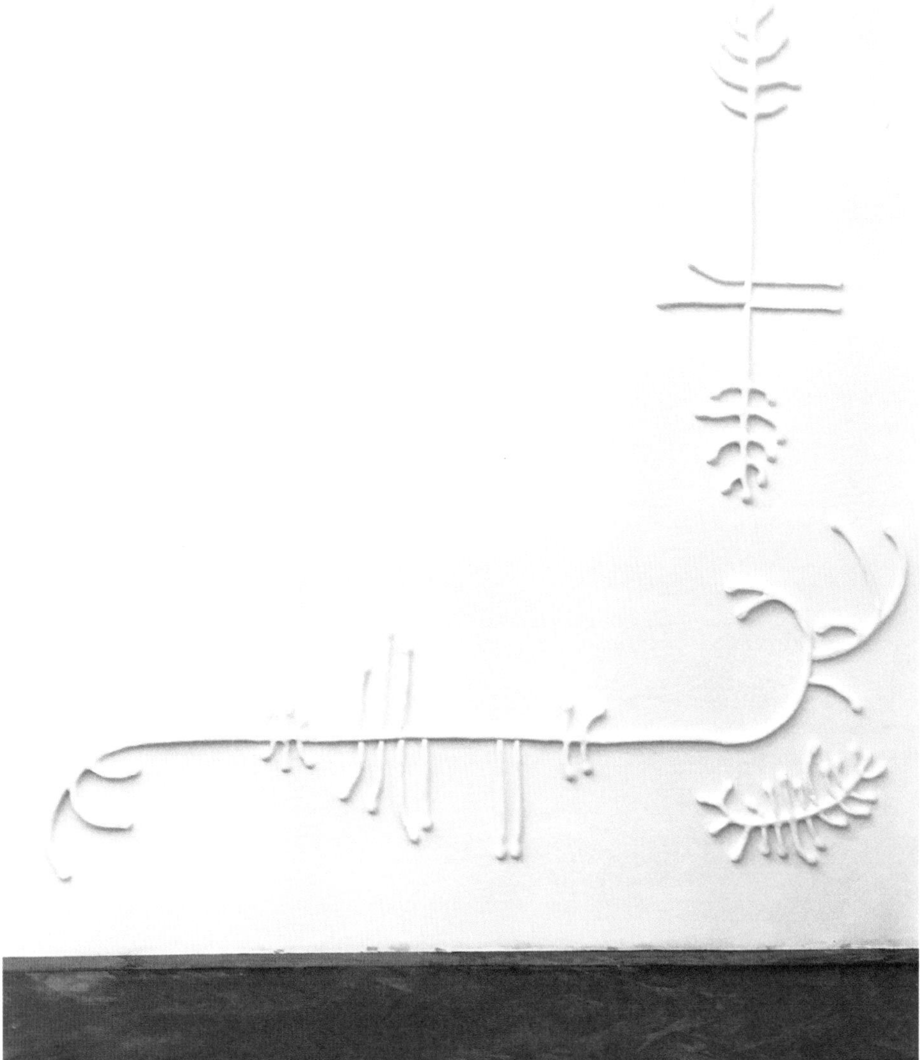

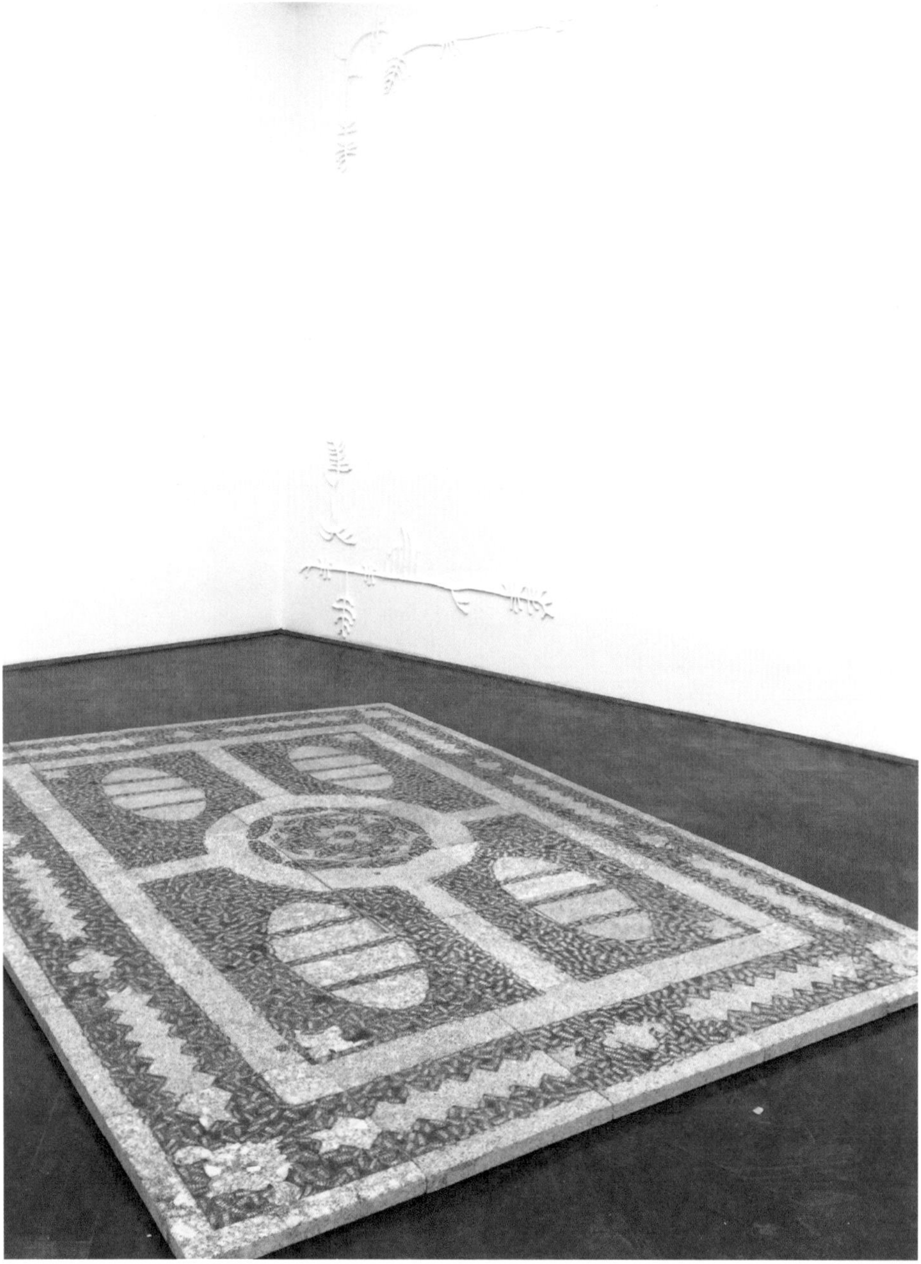

Feldspat, Quarz und Glimmer / Feldspar, Quartz and Mica
Kreide und Kohle auf Granitplatten / chalk and coal on granite panels, 35-teilig / 35 pieces, 280 x 200 cm, 2017

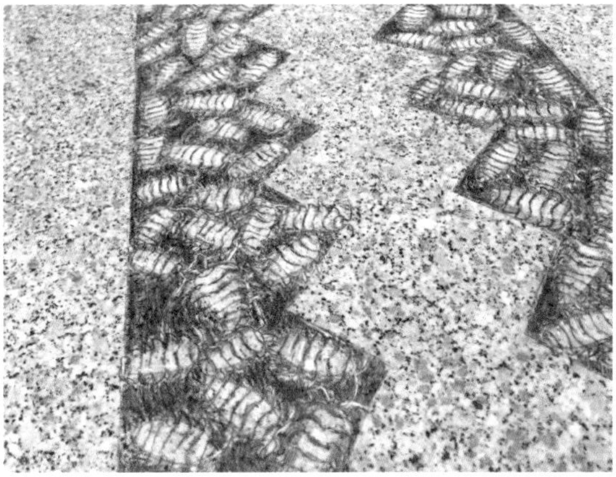

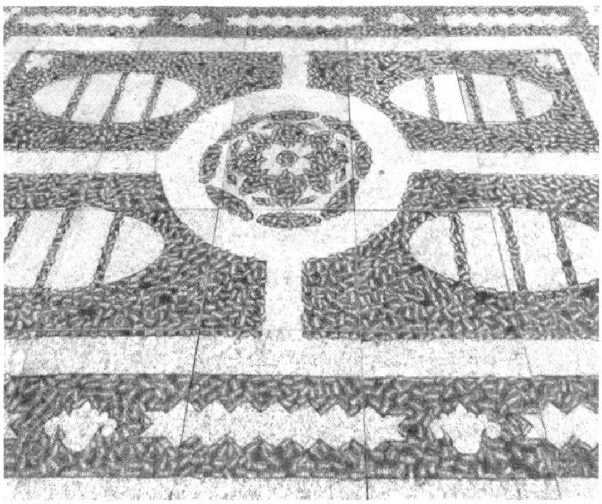

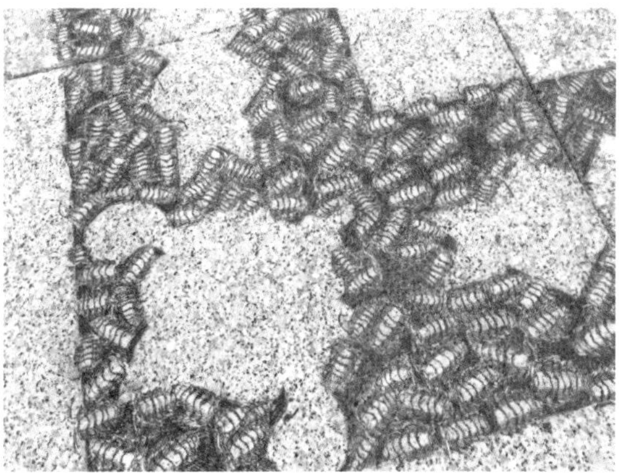

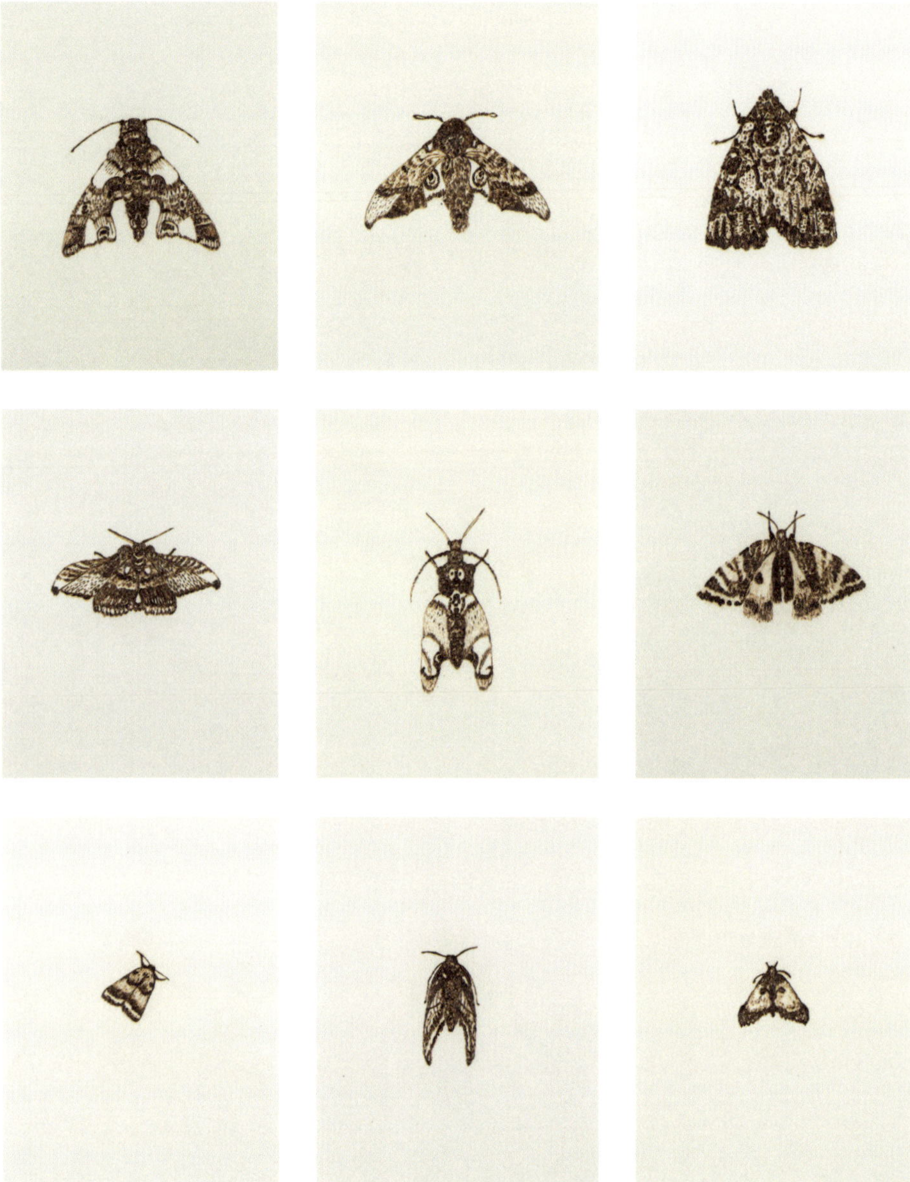

Morituri te salutant

Serie, Brandgravur auf Papier / series, burned engraving on paper, 25 x 19 cm, 2015–2017

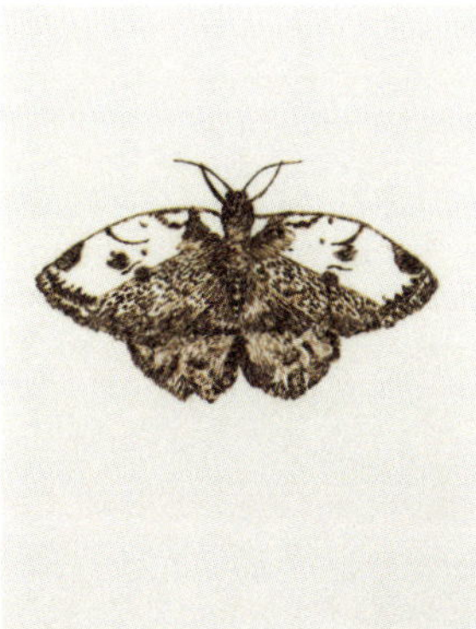
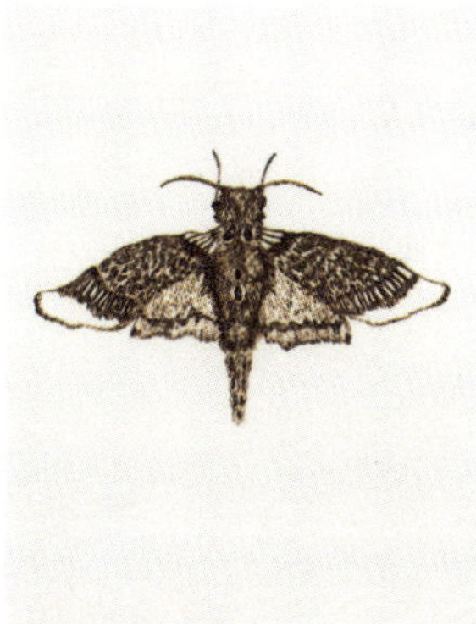
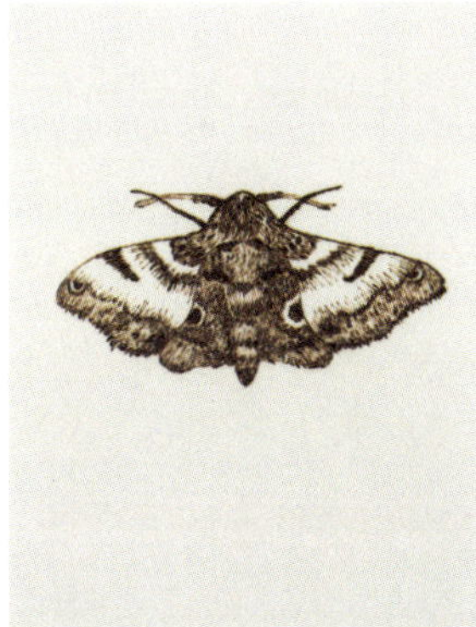
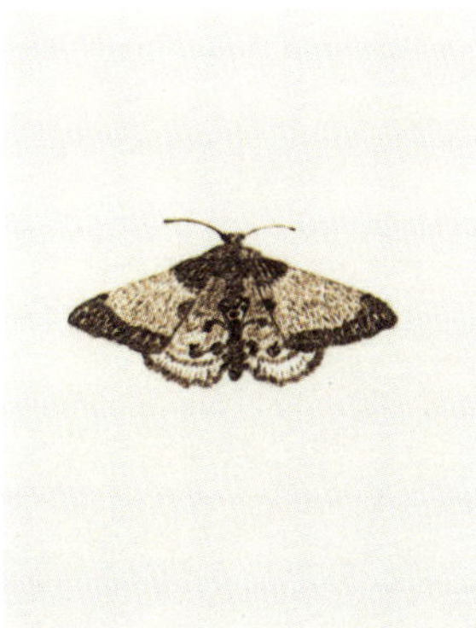
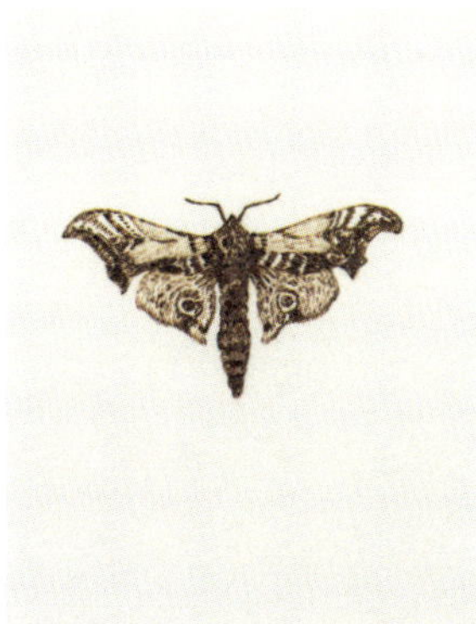
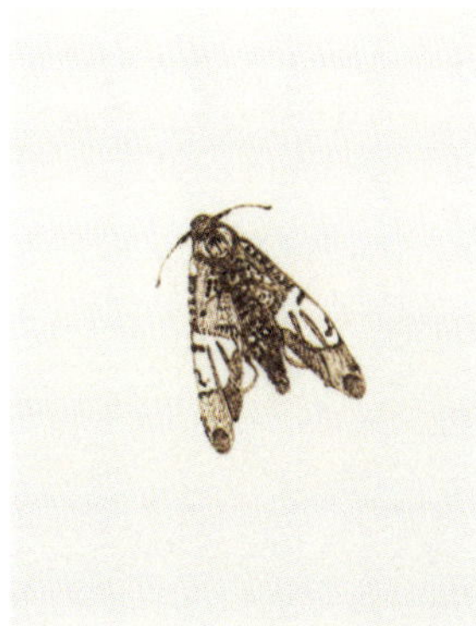
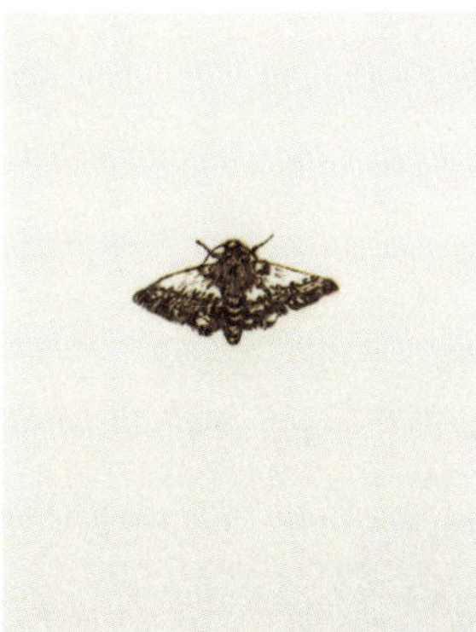
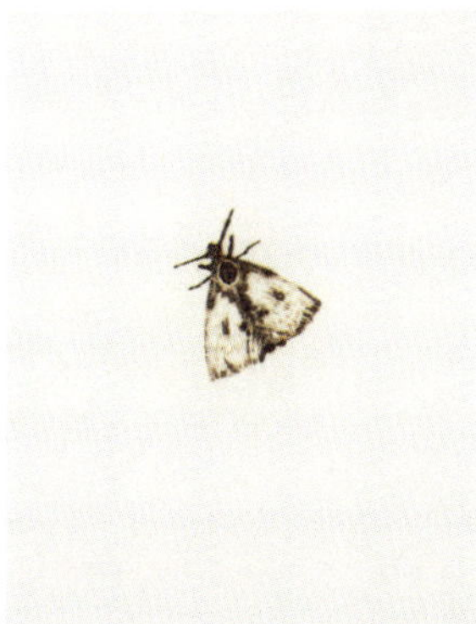
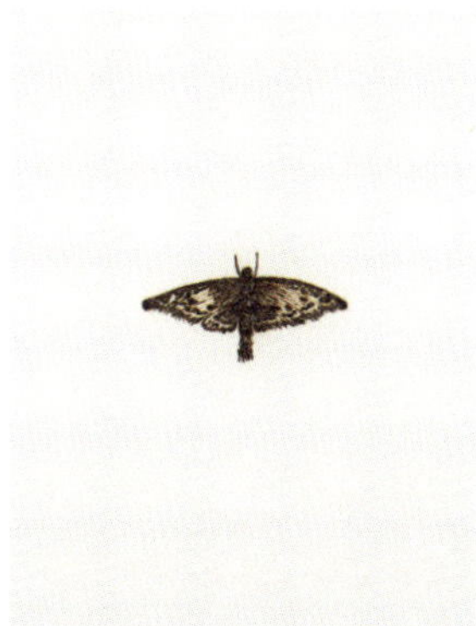

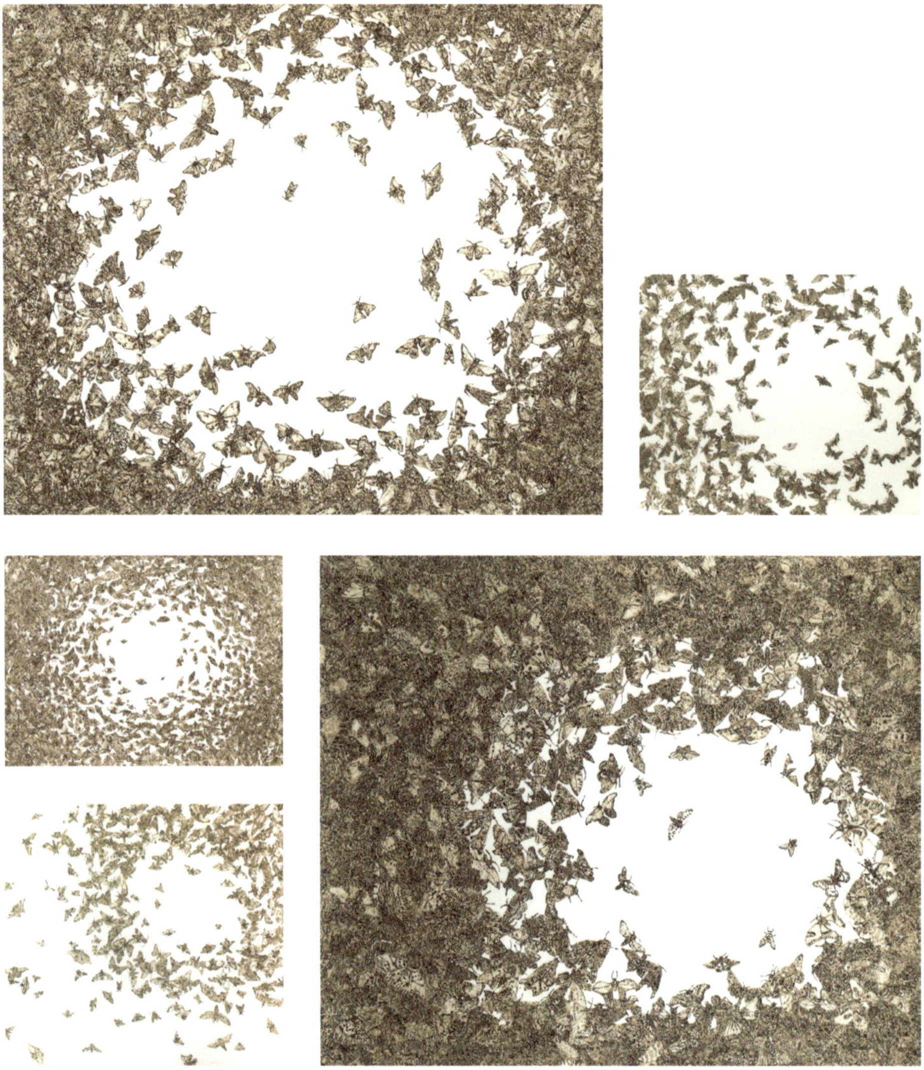

Illuminated

Serie, Brandgravur auf Papier / series, burned engraving on paper, 50 x 60 cm, 2016

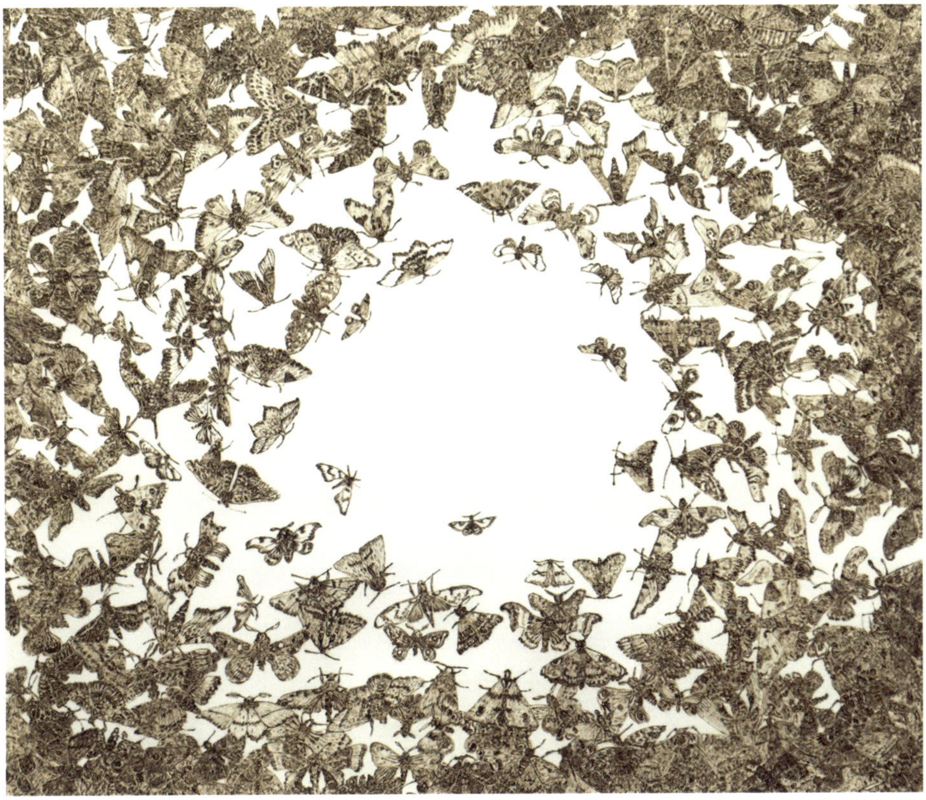

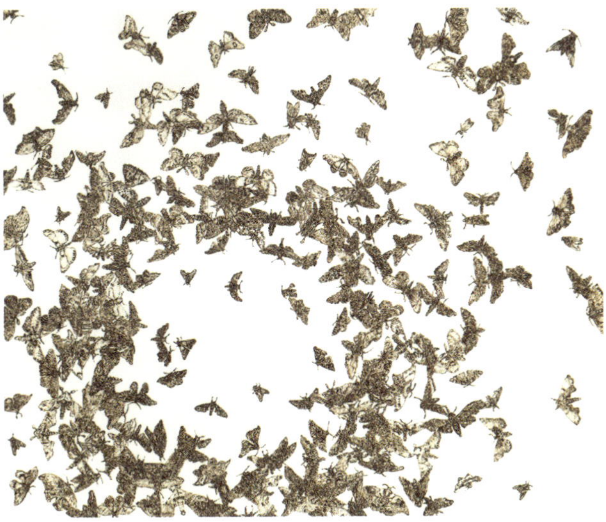

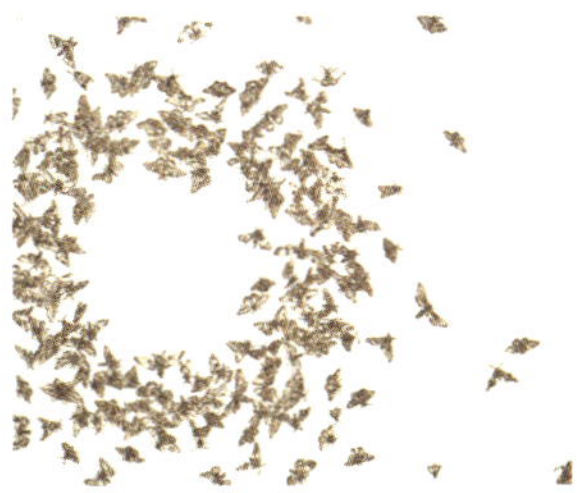

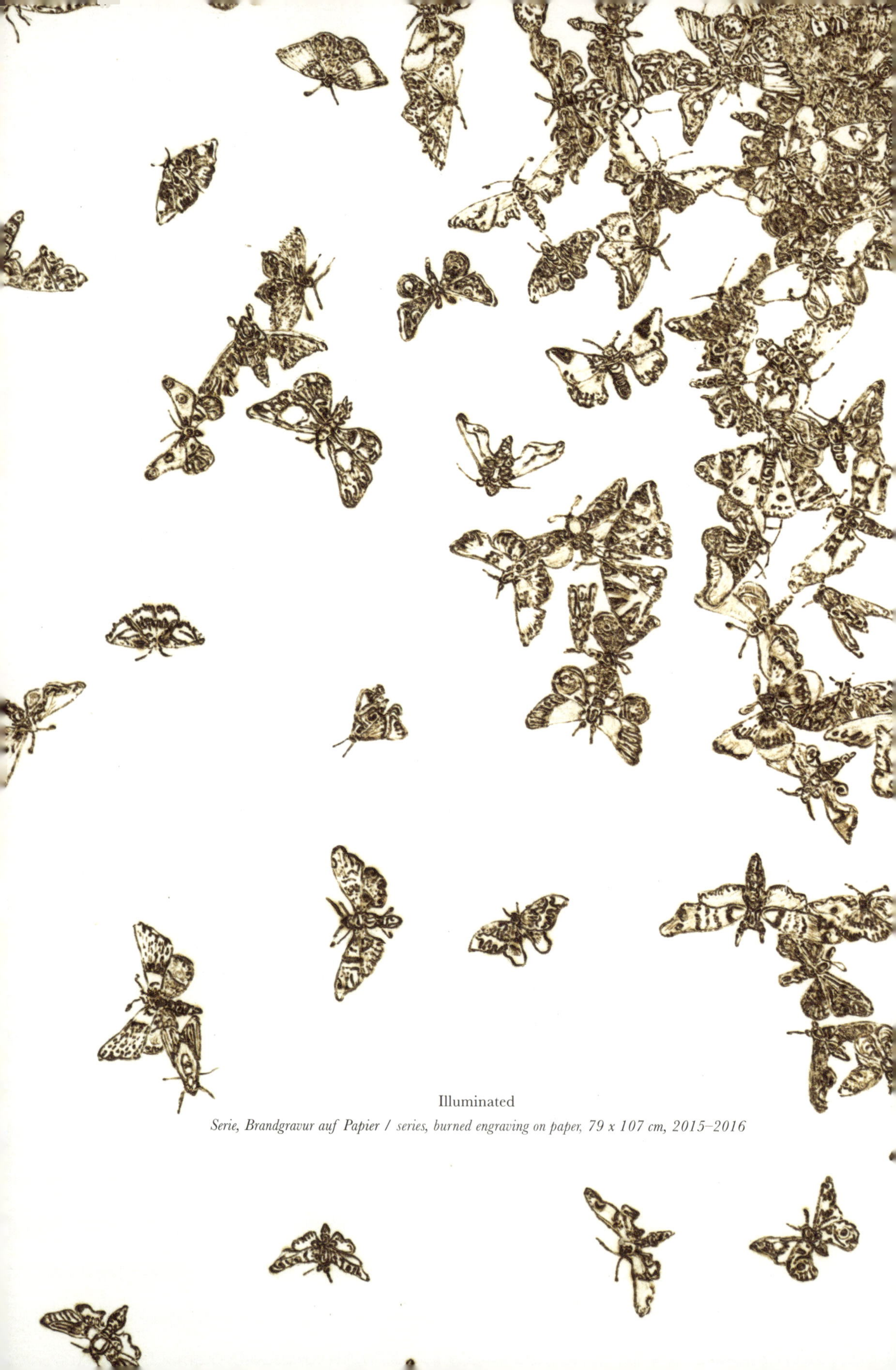

Illuminated

Serie, Brandgravur auf Papier / series, burned engraving on paper, 79 x 107 cm, 2015–2016

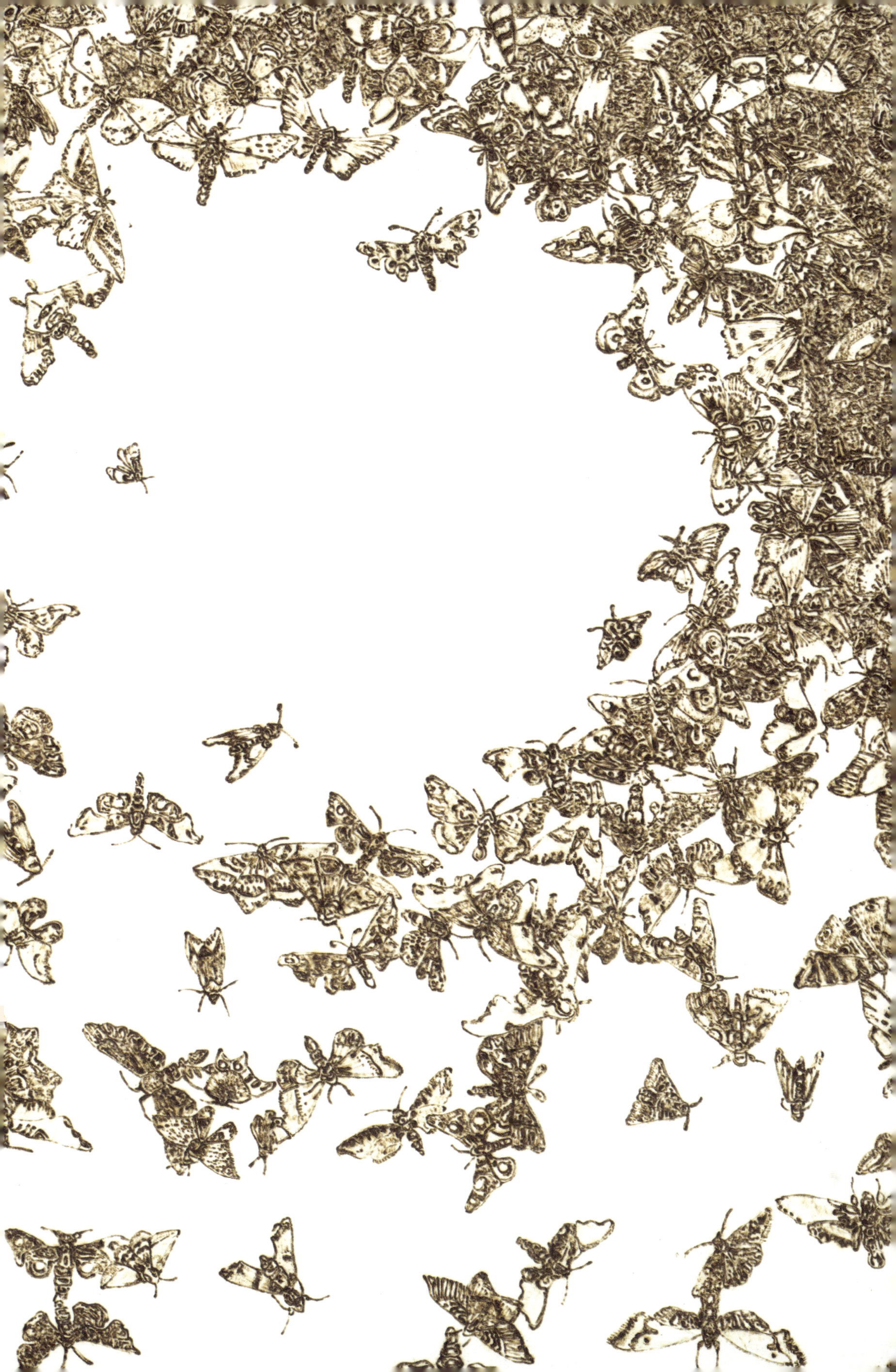

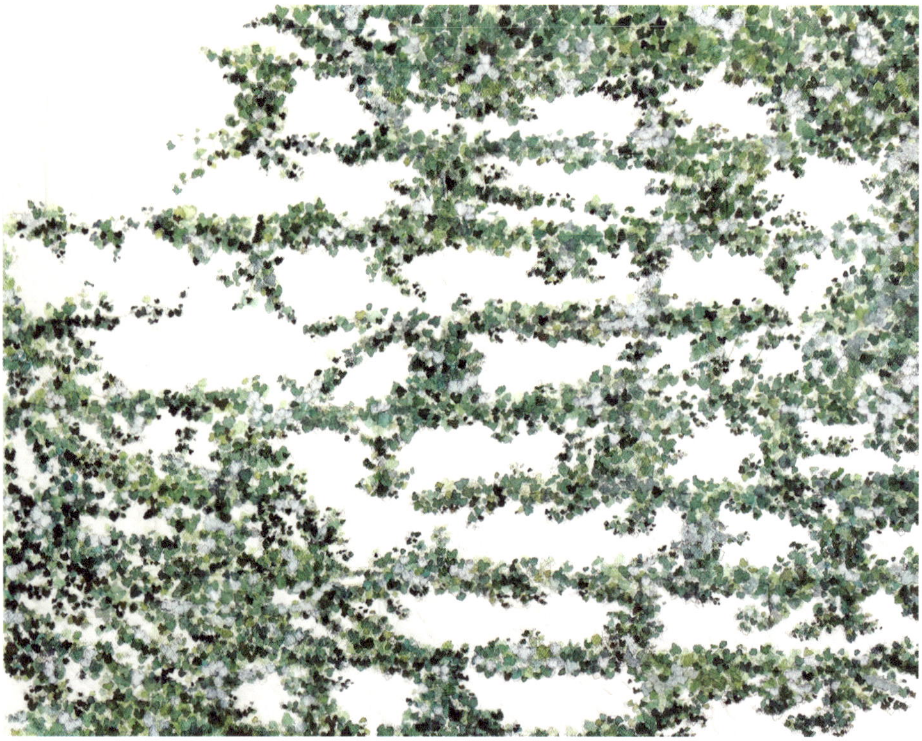

Mauerblümchen / Modest Wallflower

Serie, Mischtechnik auf Papier / series, mixed media on paper, 70 x 90 cm, 2015

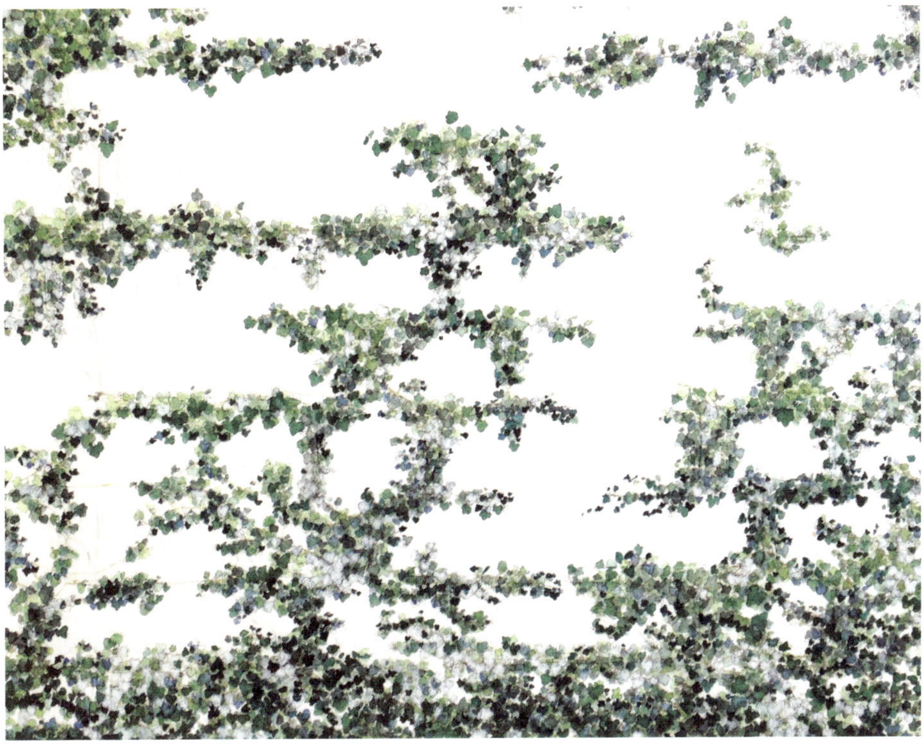

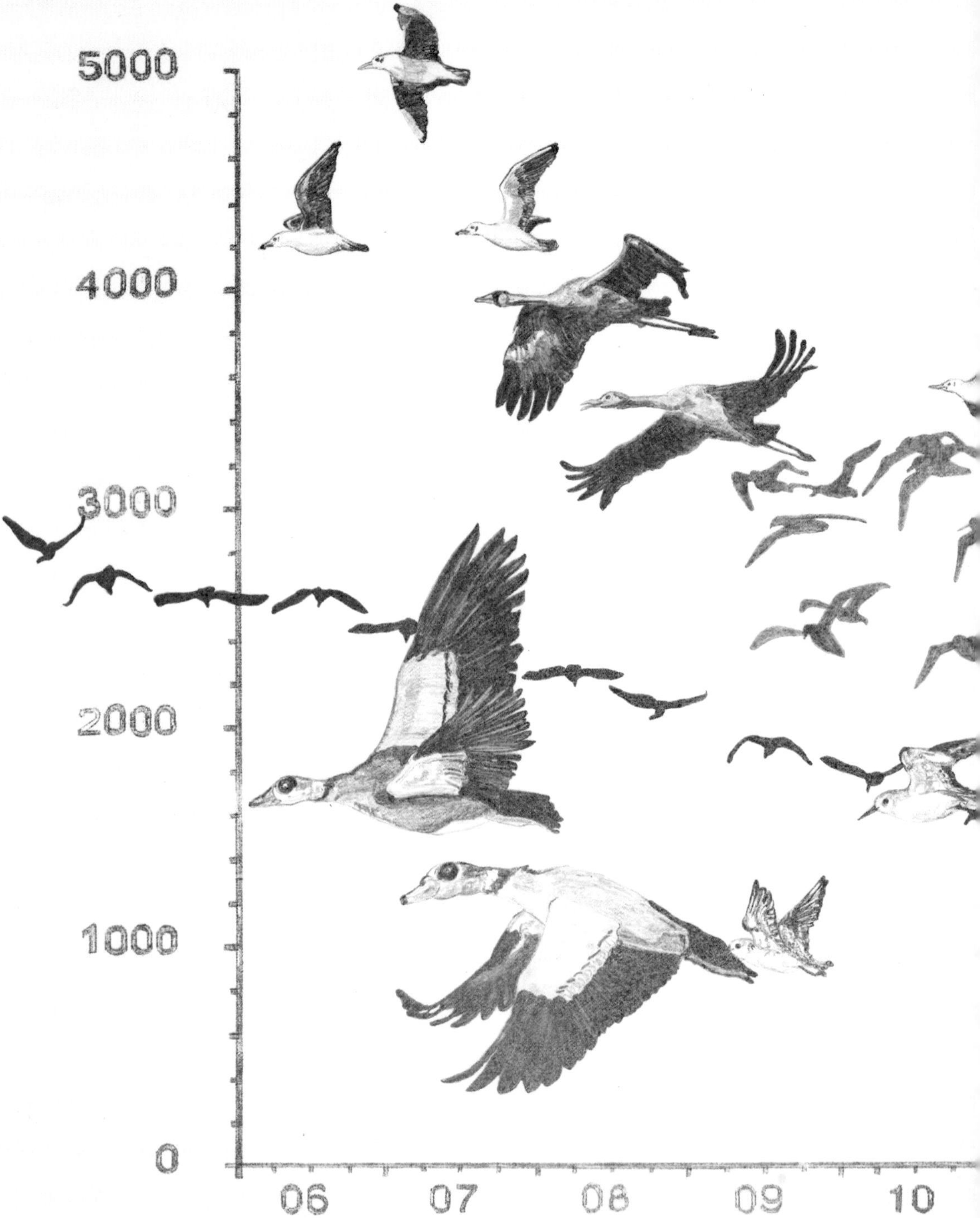

Fluglinien / Air Tracks

Serie, Bleistift auf Papier / series, pencil on paper, 50 x 60 cm, 2016

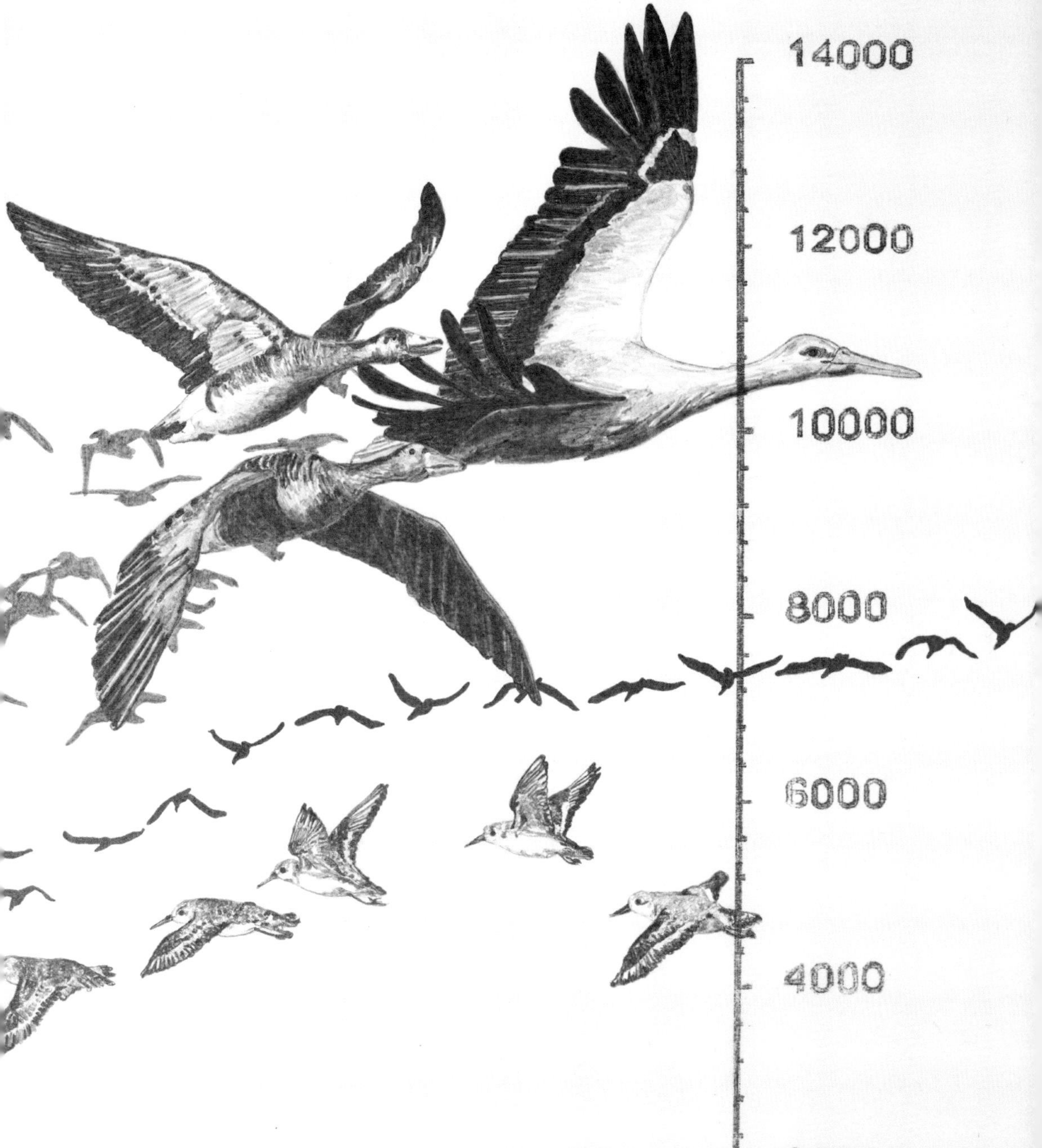
14000
12000
10000
8000
6000
4000
2000
12
13
14
15

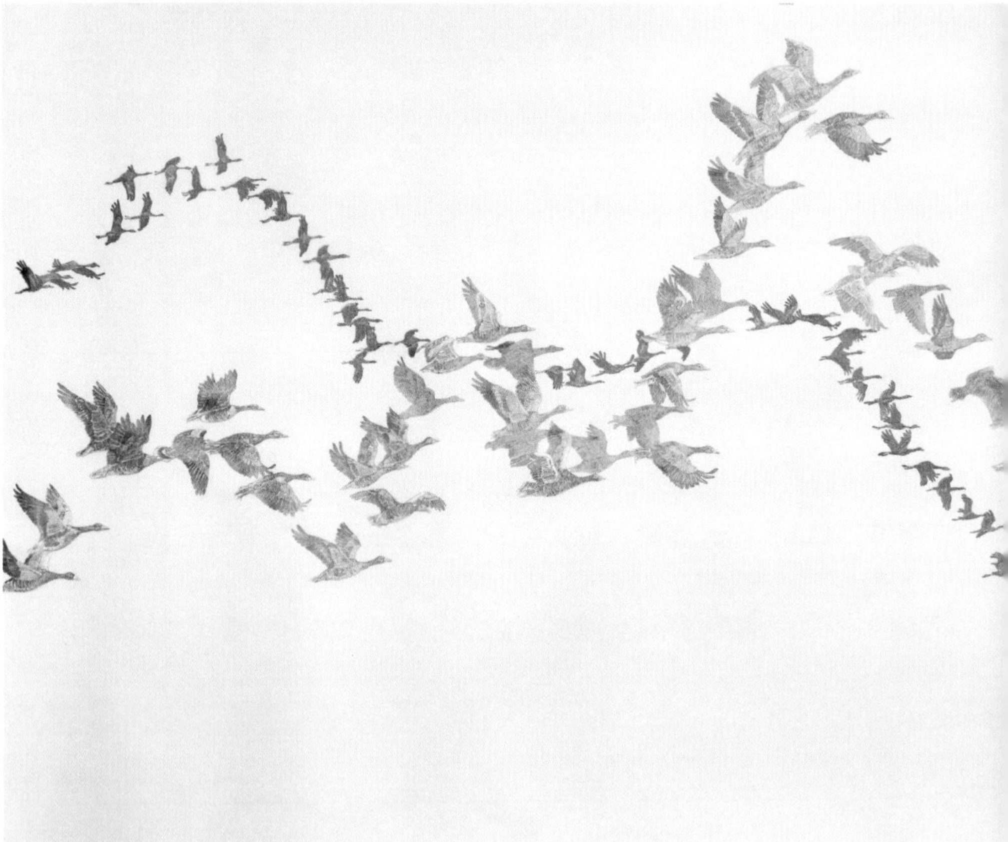

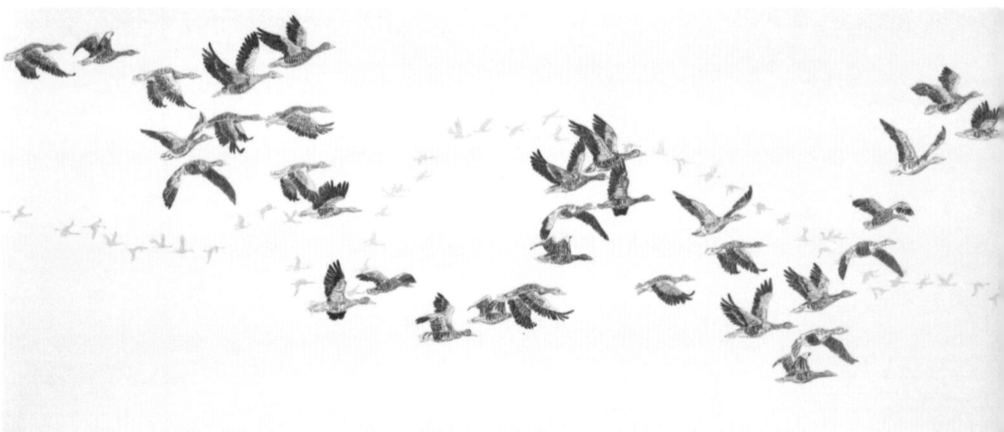

Fluglinien / Air Tracks
Serie, Bleistift auf Papier / series, pencil on paper
100 x 250 cm, 2016, 40 x 100 cm, 2017

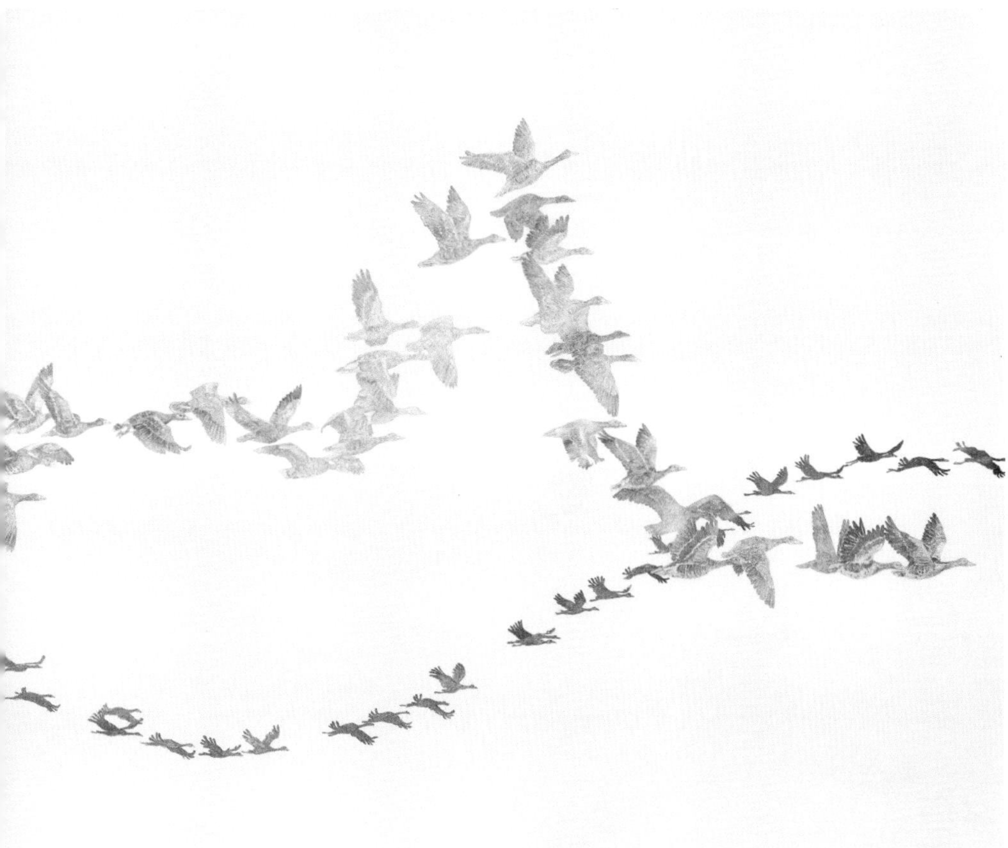

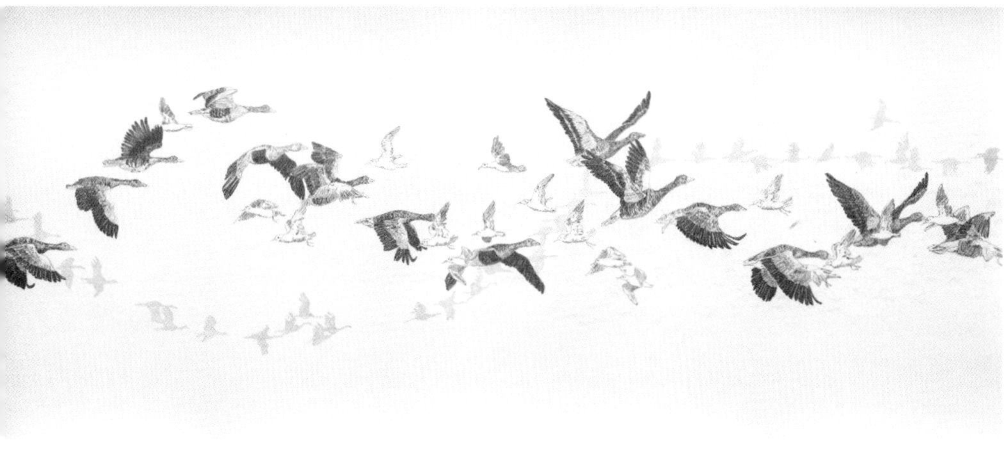

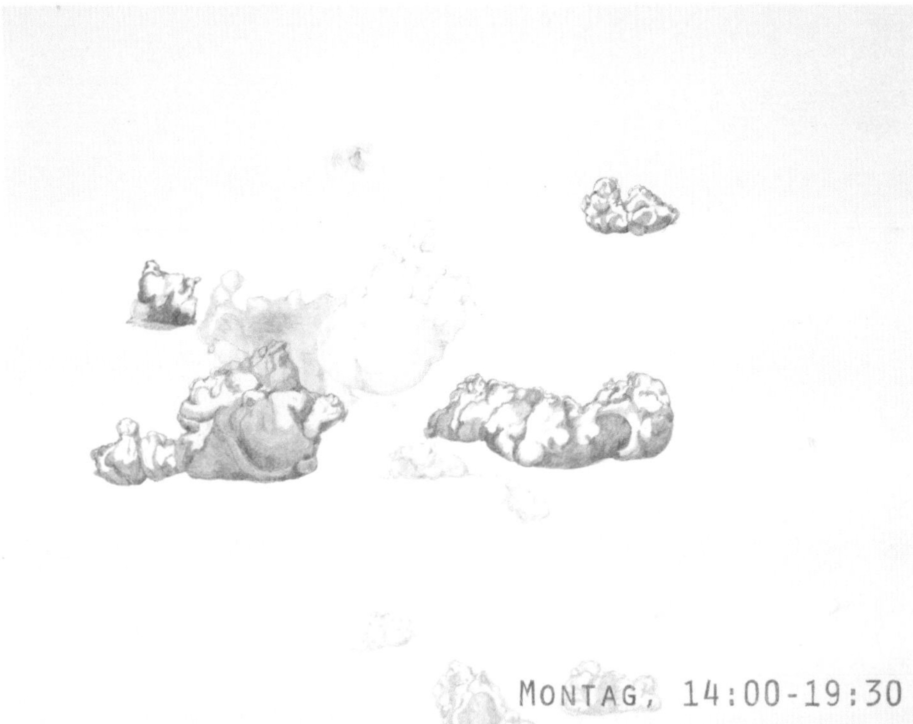

Weather Diary

Serie, Bleistift auf Papier / series, pencil on paper, 65 x 50 cm, 2012–2015

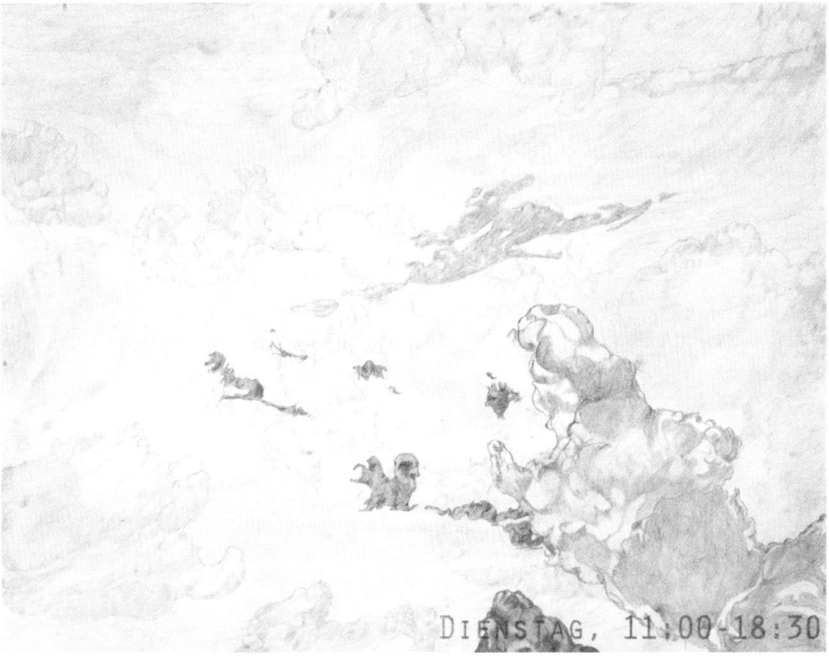
DIENSTAG, 11:00-18:30

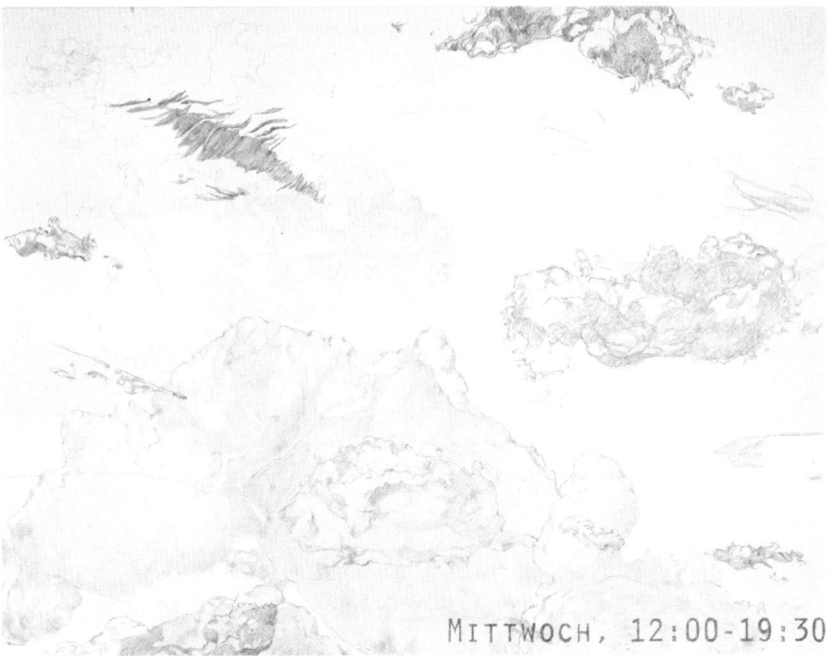
MITTWOCH, 12:00-19:30

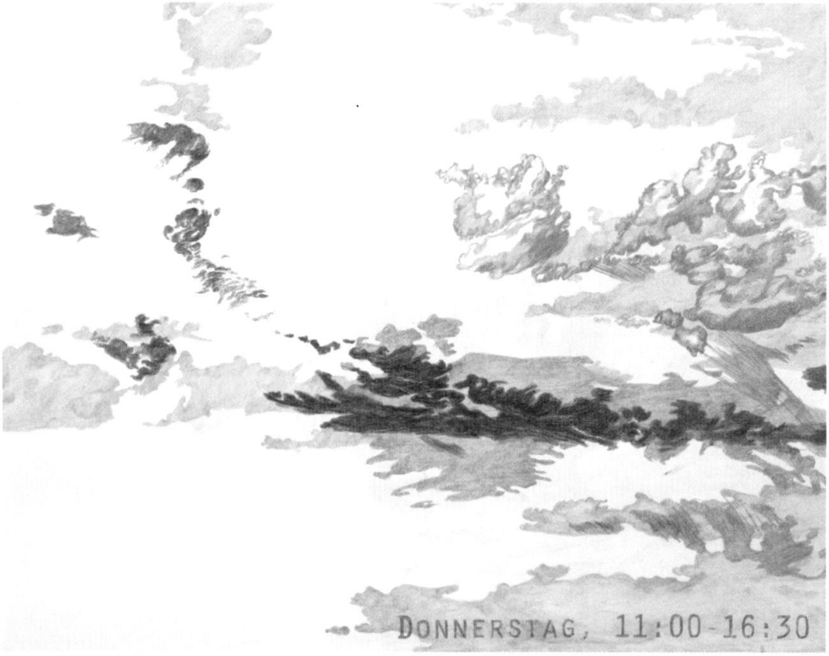
DONNERSTAG, 11:00-16:30

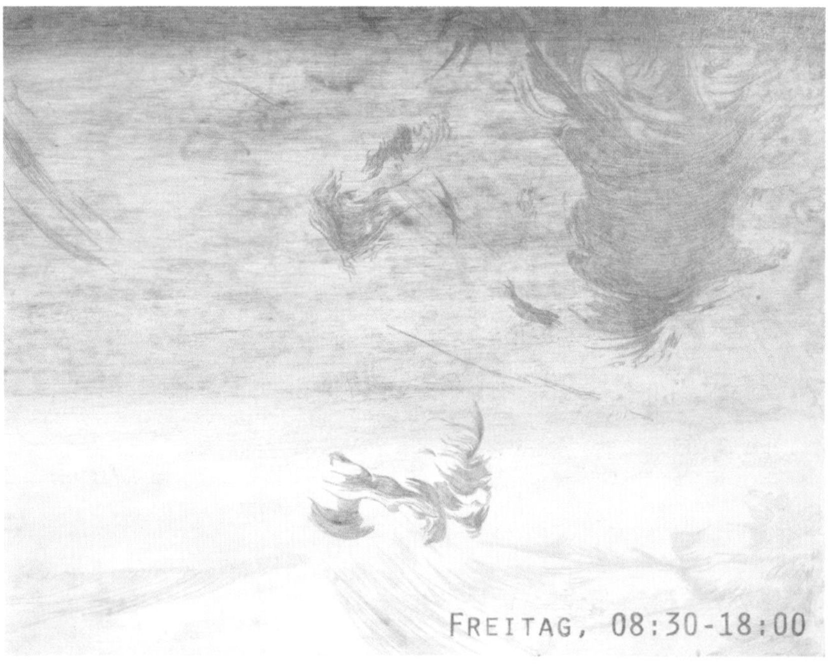
FREITAG, 08:30-18:00

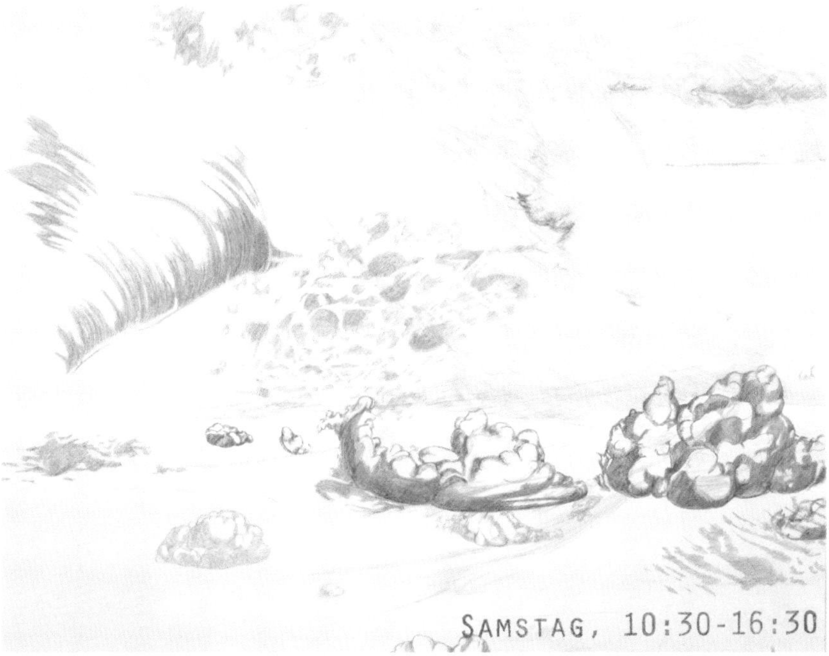
SAMSTAG, 10:30-16:30

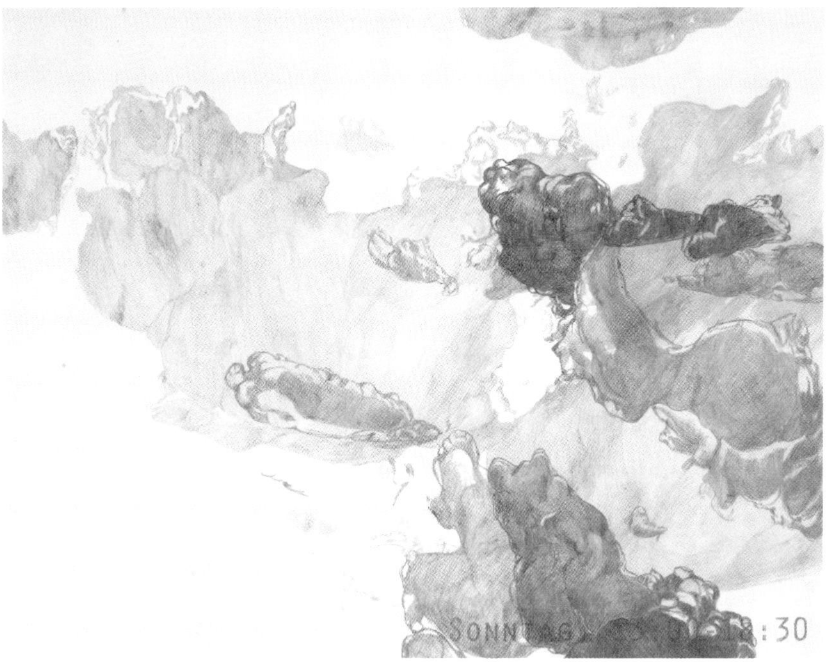

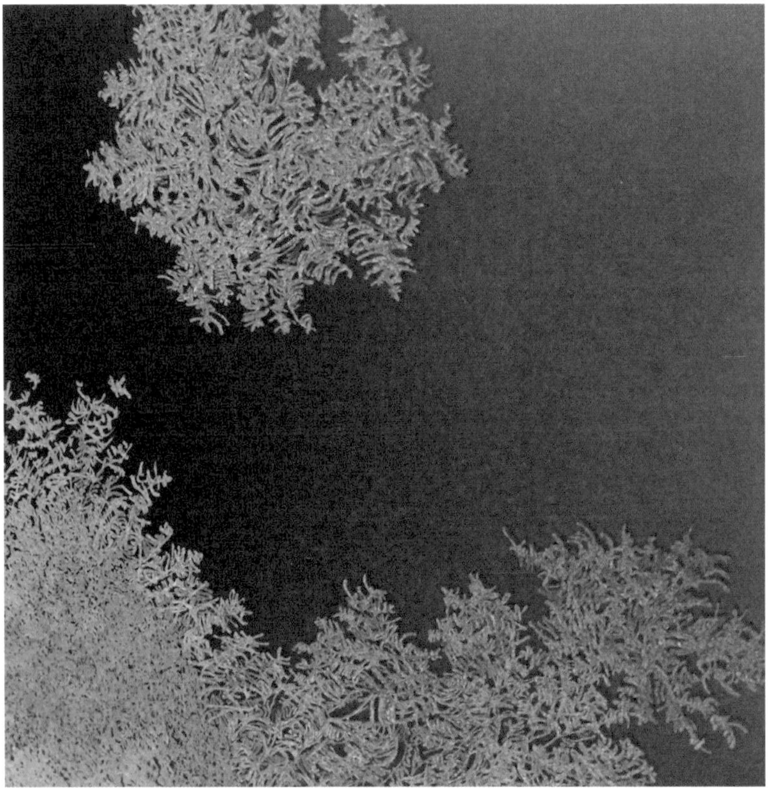

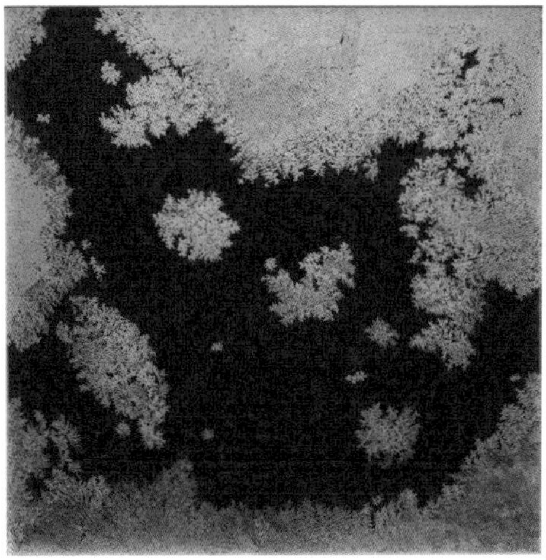

Permafrost
Glasgravur / glass engraving, 55 x 55 cm, 2012

Gardine / Curtain

Serie, Silberstift auf Leinwand / series, silverpoint on canvas, 150 x 120 cm, 2016

AUSSTELLUNGEN
EXHIBITIONS

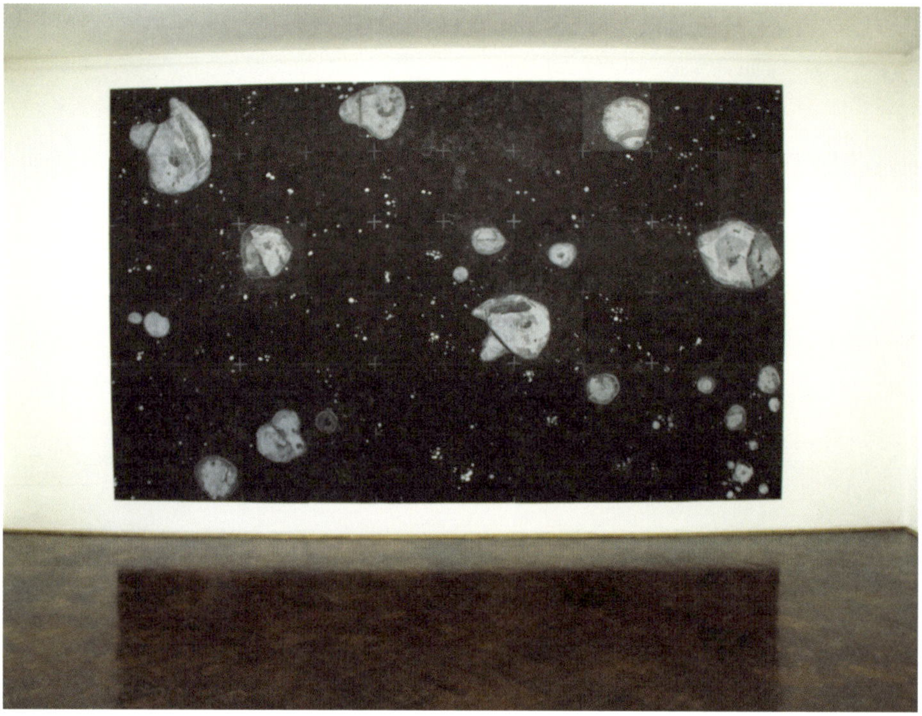

Wald

Galerie Zimmermann Kratochwill, Graz, 2017

-

Oben / top: Kahlschlag oder die große Leere / Logging or the Big Void, 2016
Rechts / right: Feldspat, Quarz und Glimmer / Feldspar, Quartz and Mica, 2017
Buchdrucker und Kupferstecher / Bark Beetle Printing, 2017
Serie / series Kahlschlag / Logging, 2016

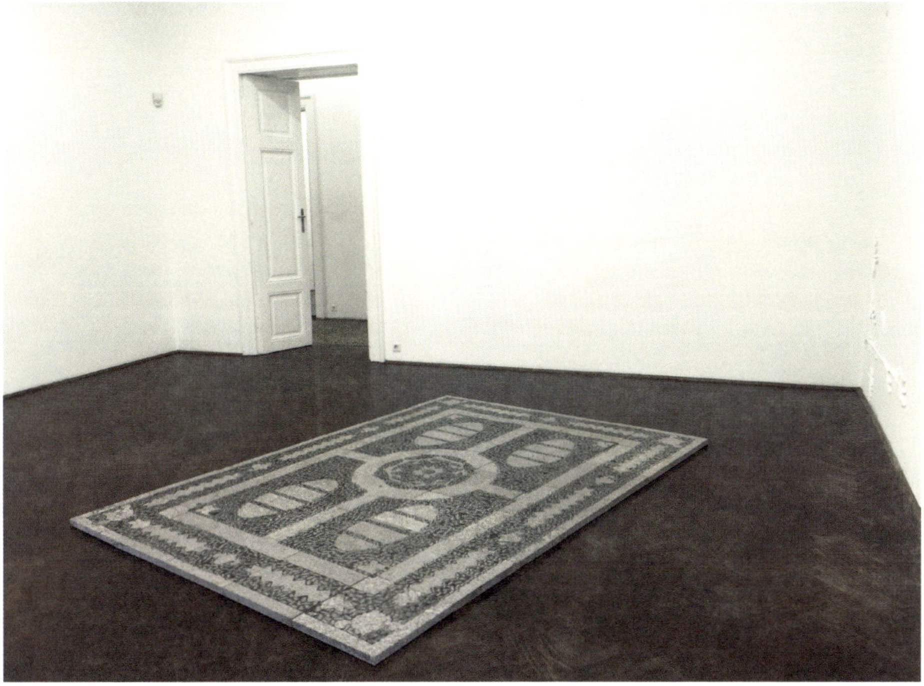

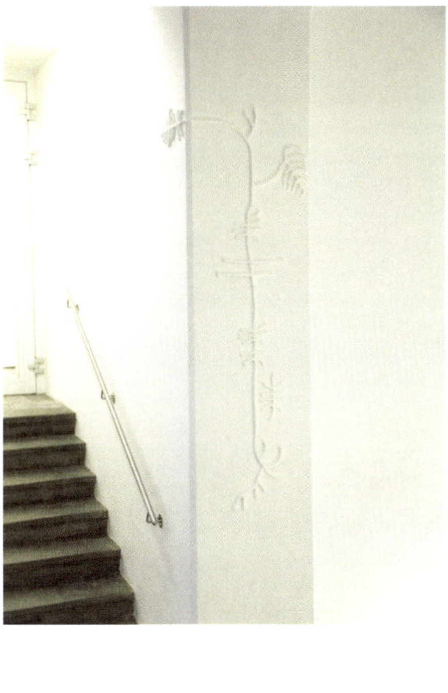

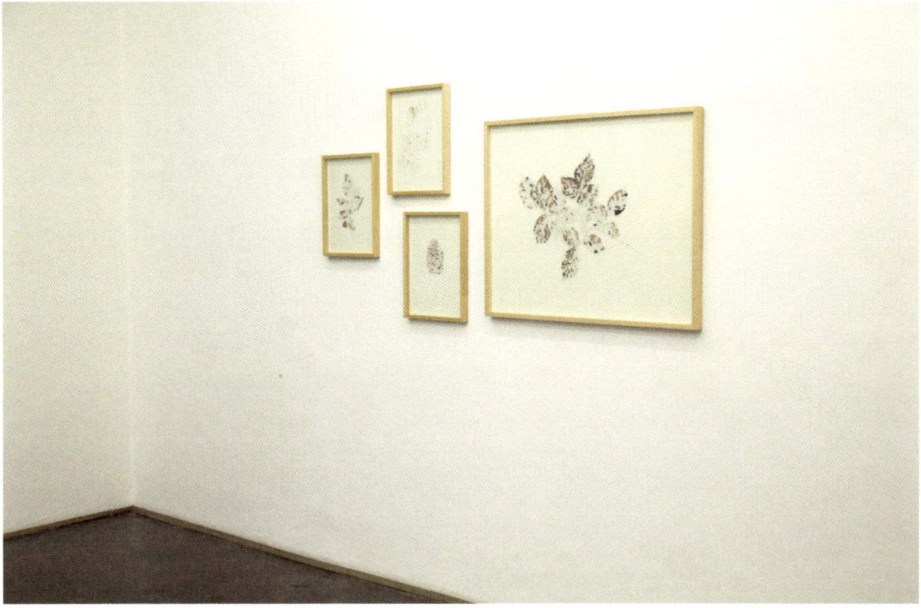

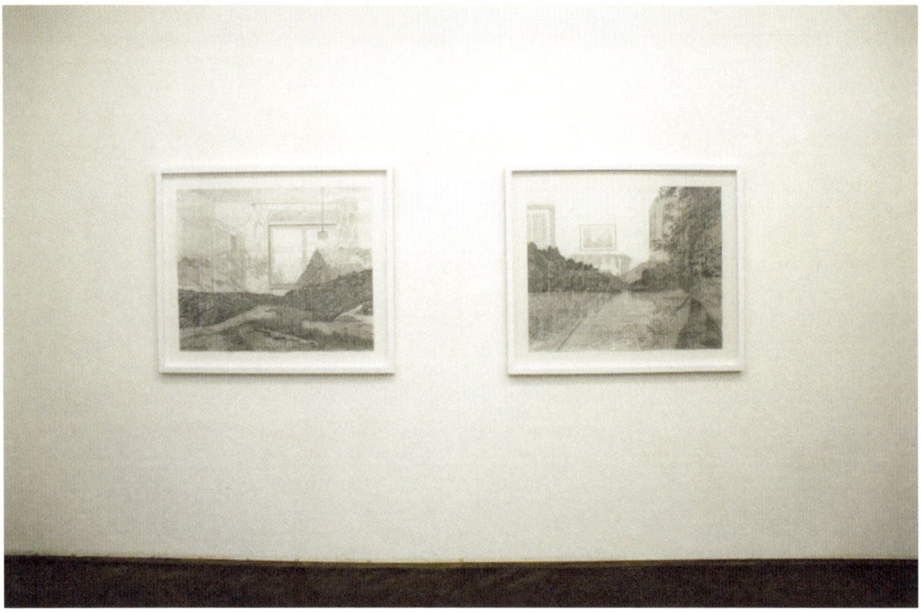

Oben / top: Serie / series Baumfrevel / Tree Vandalism, 2016–2017
Unten / bottom: Serie / series Double Sight, 2015

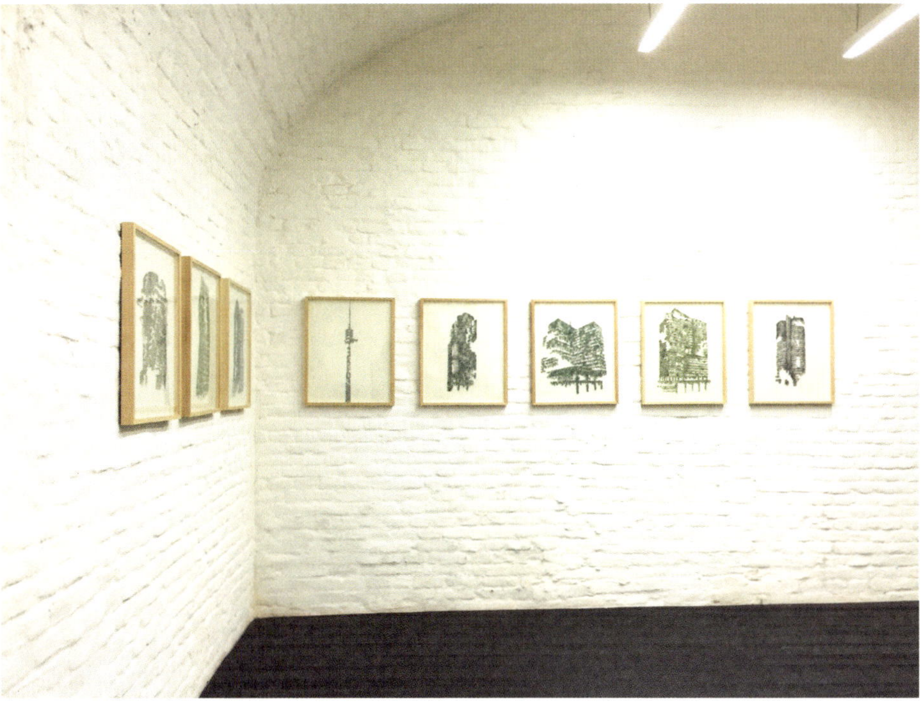

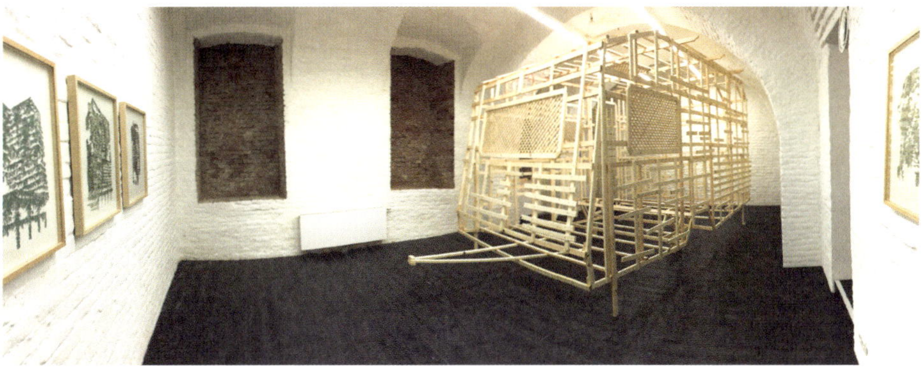

Haus im Grünen

bäckerstrasse4, Wien / Vienna, 2015

-

Oben / top: Serie / series Haus im Grünen / House in the Open, 2014–2017

Unten / bottom: Laube / Arbour, 2015

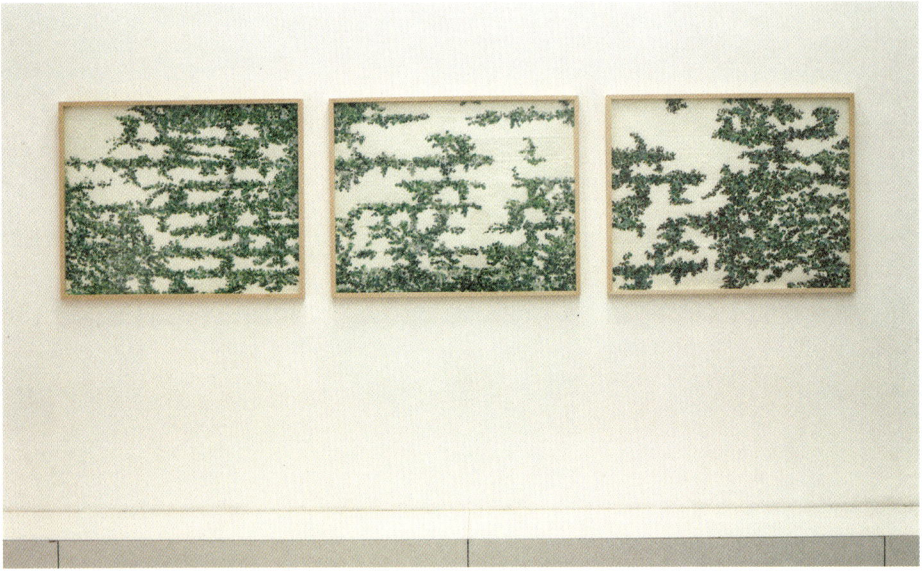

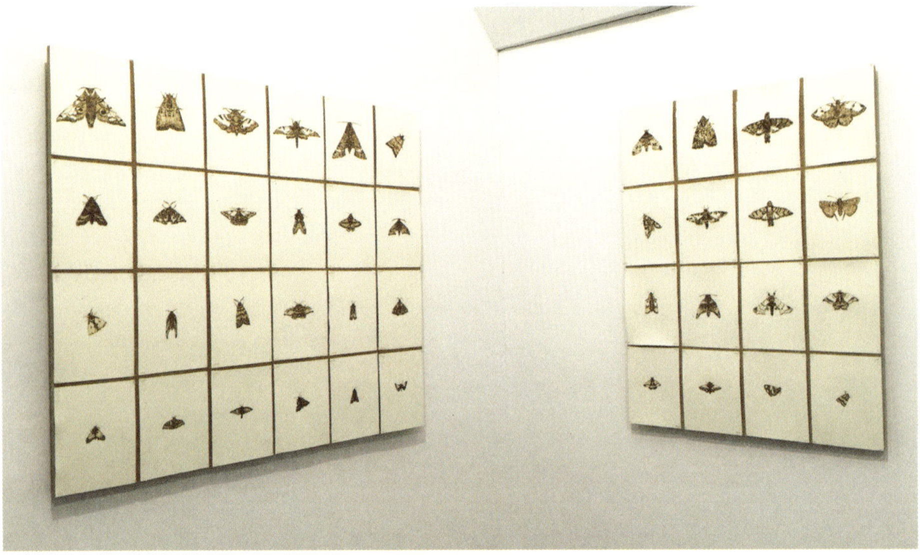

Oben / top: Serie / series Mauerblümchen / Modest Wallflower, 2015
Unten / bottom: Serie / series Morituri te salutant, 2015–2017
Rechts / right: Buchdrucker und Kupferstecher / Bark Beetle Printing, 2015
Serie / series Mauerblümchen / Modest Wallflower, 2015
Side-notes, 2014

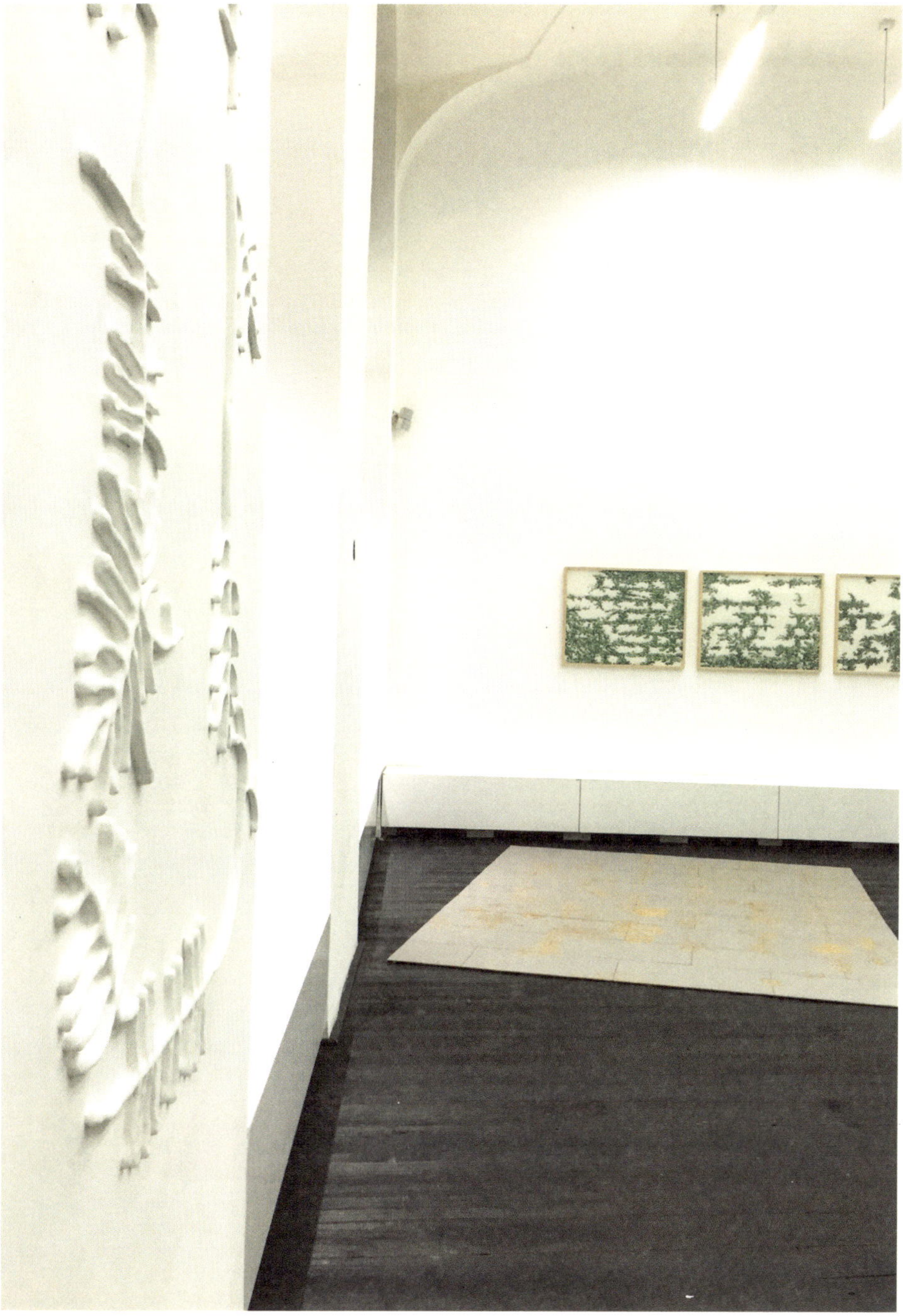

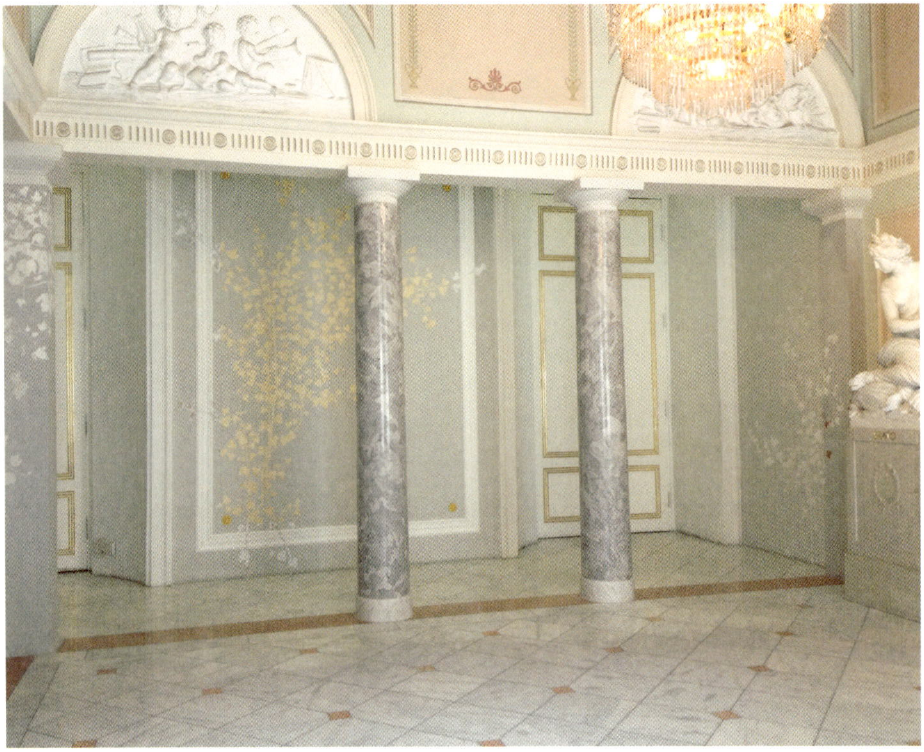

Intervention
Albertina, Wien / Vienna, 2013
-
Schattengewächs / Scandent Shades, 2013–2014

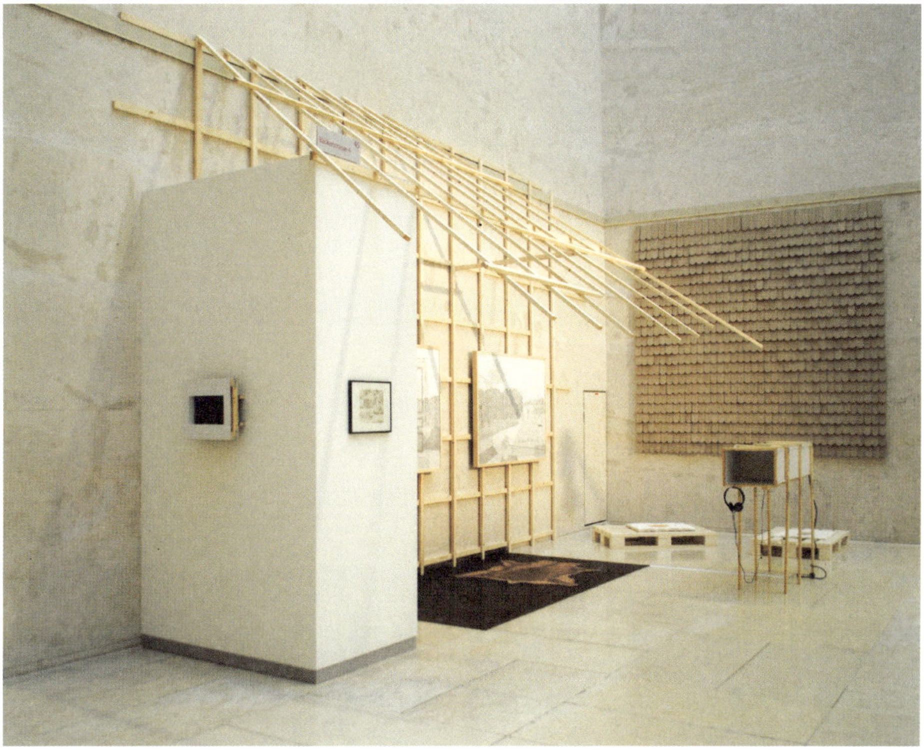

Koje

bäckerstrasse4, Art Austria, Leopoldmuseum, Wien / Vienna, 2013

-

Serie / series Double Sight, 2015
Fellimitat / Imitation Fur, 2013
Serie / series On the Brick, 2012
Scalation, 2010–2013
Rainy Days, 2011
My House in France, 2010

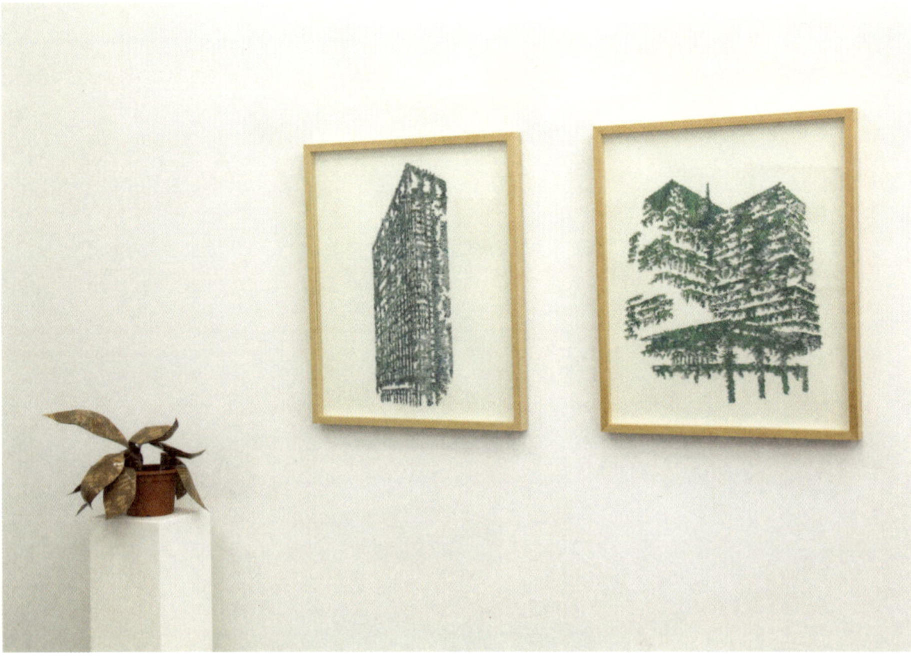

No Panic It's Organic
Galerie Zimmermann Kratochwill, Graz, 2016
-
Serie / series **Haus im Grünen** / House in the Open, 2014–2017
Paper plant, 2012

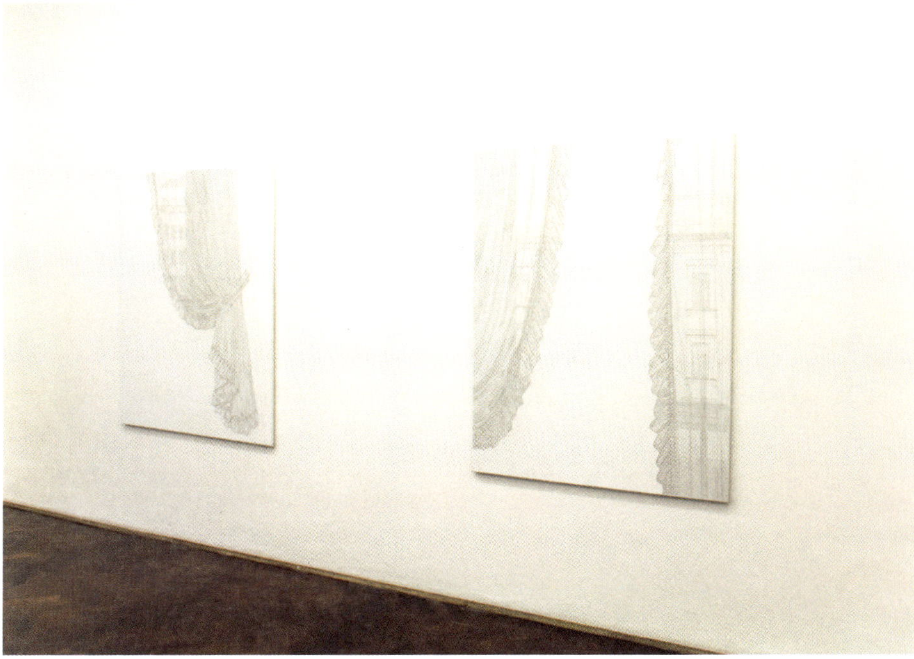

The World rearranges itself around you
Galerie Zimmermann Kratochwill, Graz, 2016
-
Gardine / Curtain, 2016

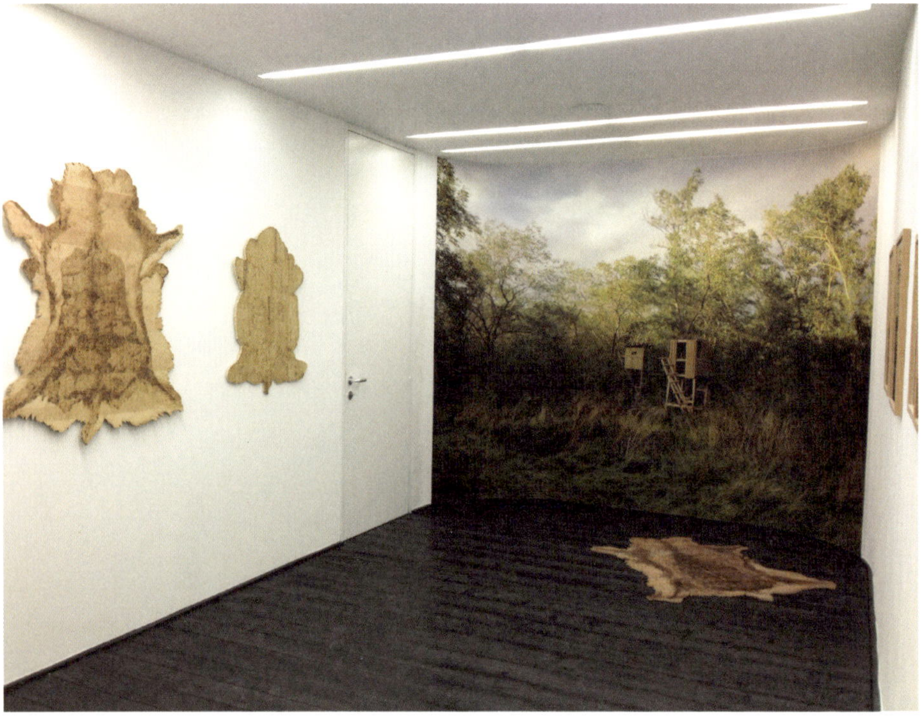

Albrechtsfeld

bäckerstrasse4, Wien / Vienna, 2014

-

hideout 3, 2013

Fellimitat / Imitation Fur, 2013

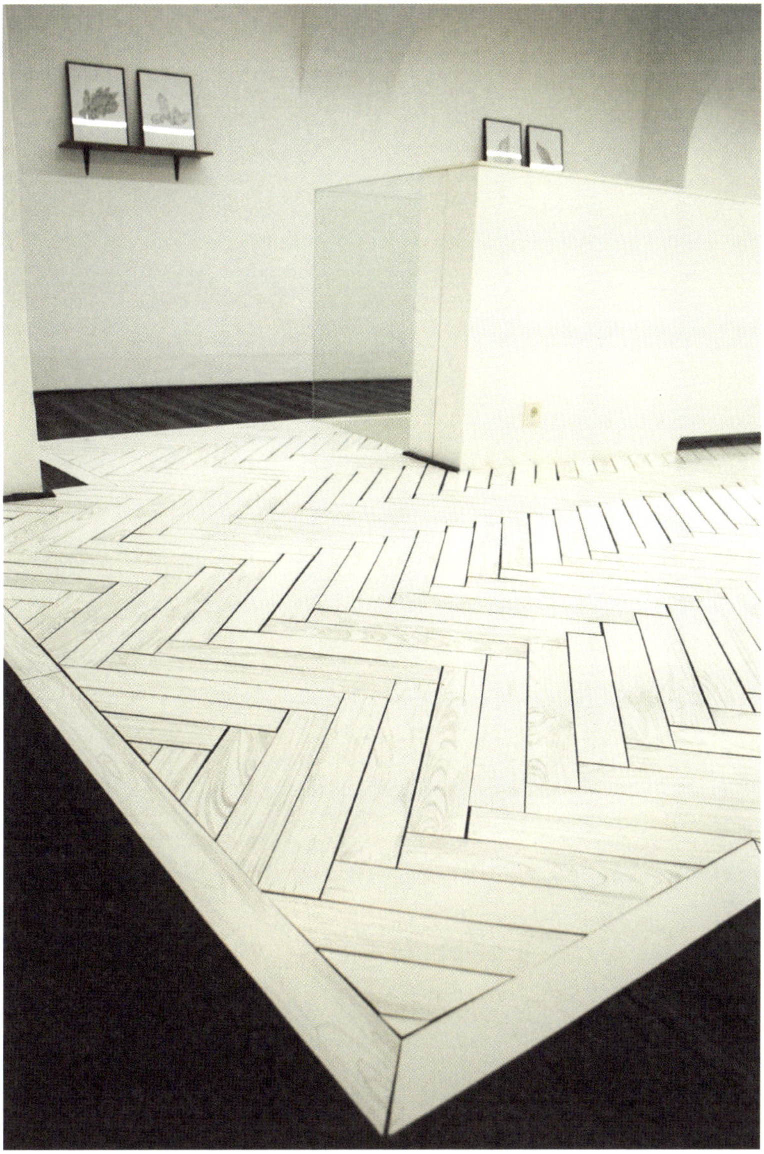

Los
bäckerstrasse4, Wien / Vienna, 2012
-
Kristalline / Ice Crystals, 2011
Fertigparkett / Pre-finished Parquet, 2011

BIOGRAFIE
BIOGRAPHY

*1979, Graz; Steiermark

1998–2005 Studium an der Universität Mozarteum Salzburg, Klasse für Malerei und neue Medien. Lebt und arbeitet in Wien.

1998–2005 Study at the University Mozarteum Salzburg. Class for painting and new media. Lives and works in Vienna.

www.mariannelang.at

EINZELAUSSTELLUNGEN (AUSWAHL) / SELECTED SOLO EXHIBITIONS

2017 Wald, Galerie Zimmermann Kratochwill, Graz

2015 Das Haus im Grünen, Galerie bäckerstrasse4, Wien / Vienna
Kunst vor Ort, Akademie Graz

2013 Intervention, Albertina, Wien / Vienna

2011 Wallpaper, Studio Kunstverein, Salzburg
zu Gast, Galerie Eboran, Salzburg
Blank Box, Galerie Peithner-Lichtenfels, Wien / Vienna

2010 Fluchtperspektiven, Architekturforum Oberösterreich, Linz
Mein Zimmer im Raum, Kunstverein das weisse haus, Wien / Vienna
My House in France, Kunstraum pro arte, Hallein

2009 A Room of one's own, Stadtmuseum, Graz

2008 „Findet mich das Glück?", Schloss Goldegg, Salzburg

2005 Das Künstlerhaus stellt sich vor, Salzburger Kunstverein, Salzburg

2004 Living Room, Galerie 5020, Salzburg

GRUPPENAUSSTELLUNGEN (AUSWAHL) / SELECTED GROUP EXHIBITIONS

2017 Small, Kunstraum Super, Wien / Vienna

2016 No Panic It's Organic, Galerie Zimmermann Kratochwill, Graz
Master Builders, Kunstverein Extra, Schwechat, Wien / Vienna
The World rearranges itself around you, Galerie Zimmermann Kratochwill, Graz

2015 Conditio Urbana, Galerie bäckerstrasse4, Wien / Vienna
Der Raum nach dem Raum, kunsthaus muerz, Mürzzuschlag
Goldilocks, temporäre Galerieplattform, Salzburg
Die Rechnung geht an Martin K., Künstlerhaus, Wien / Vienna

2014 Albrechtsfeld, Galerie bäckerstrasse4, Wien / Vienna
Conditio Urbana, Stadtgalerie Salzburg, Salzburg
B4 Selection, Galerie bäckerstrasse4, Wien / Vienna
Phasenraum – Zeichnerische Ansichten, Loft 8, Wien / Vienna
Die Künstlerinnen sind anwesend, < rotor >, Zentrum für zeitgenössische Kunst, Graz

2013 Leben, Wohnen wie Zuhause, the smallest gallery, Graz
Content Art, Wien / Vienna
Out Line, Galerie bäckerstrasse4, Wien / Vienna
New Frontiers, Forum Frohner, Krems

2012 Demnächst, Galerie 5020, Salzburg
Zones of Habitation, Krokus Galerie, Bratislava
From different Corners, Galerie bäckerstrasse4, Wien / Vienna
Struktur und Materie, Poly Galerie, Karlsruhe
Unsicheres Terrain, Soho Ottakring, Wien / Vienna
In Serie, Galerie 44Qm, Hartberg
Los, Galerie bäckerstrasse4, Wien / Vienna

2011 Räumlich, Galerie Kro Art, Wien / Vienna
Sprawl Festival, Innsbruck
Radio Convoy, Wien / Vienna
The Borders of Drawing, Kunstverein das weisse haus, Wien / Vienna
Ortung, Salzburger Kunstverein, Salzburg
Zwischen Dach und Boden, KHG Galerie, Graz

2010 Diözesankunstpreis, Minoriten Galerie, Graz
Sweet Antizipation, Jahresausstellung, Salzburger Kunstverein, Salzburg
Sizzling, Ausstellungsraum Flat 1, Wien / Vienna

2009 Salzburg – Litauen, Traklhaus Salzburg / Vilnius
White Club Space#4, Salzburg

2008 Am Sprung, offenes Kulturhaus, Linz
Warteraum für Winterreisende, Intervention, Salzburg
Je risque-vous prenez la correspondance?, Bordeaux, Frankreich / France
zu Gast bei Verlierern, Substitut, Berlin
Wandzeichnung, Unortnung III, Wien / Vienna
Art Picnic, Kunst im öffentlichen Raum, Bern, Schweiz / Switzerland
White Club Space Mission, Flucht in die Fiktion, White Club, Litauen, Salzburg

2007 Salzburg Contemporary Painting, Galerie 5020, Salzburg
Salon Européen des Jeunes Créateurs, Montrouge, Frankreich / France
„tumbleweed“, MuseAv, Nice, Frankreich / France

2006 Gründung, Verein White Club
Every Day… another artist/work/show, Salzburger Kunstverein, Salzburg

2005 Viermäderlhaus, Kunstverein, Feld für Kunst, Hamburg
Home sweet Home, Performance, Toihaus, Theater am Mirabellplatz, Salzburg

KUNSTMESSEN / ART FAIRS

2017 Drawing Now, Paris, Frankreich / France
Art Bogotá, Bogotá, Kolumbien / Colombia
Art Bodensee, Dornbirn, Österreich / Austria

2016 Drawing Now, Paris, Frankreich / France

2015 Drawing Now, Paris, Frankreich / France

2013 Art Austria, Wien / Vienna, Österreich / Austria

AUSZEICHNUNGEN, STIPENDIEN, ANKÄUFE / AWARDS, SCHOLARSHIPS, COLLECTIONS

Staatsstipendium für bildende Kunst / Government Scholarship for Fine Arts, AT
Förderpreis / advancement award Land Salzburg
Jahresstipendium für bildende Kunst / Year-Scholarship for Fine Arts, Land Salzburg
Emanuel und Sofie Fohn-Stipendium / Emanuel and Sofie Fohn-Scholarship

Atelierstipendien / scholarships: Berlin, Budapest, Montrouge, Virginia, Paris

Ankauf / purchase bm:ukk
Ankauf / purchase Land Salzburg
Ankauf / purchase Stadt Wien / City of Vienna
Ankauf / purchase Stadt Graz / City of Graz
Ankauf / purchase Neue Galerie Graz

IMPRESSUM
COLOPHON

Herausgeber / Publisher:
Marianne Lang

Redaktion / Editors:
Aneta Grzeszczyk
Johannes Kubin
Marianne Lang

Gestaltung / Design:
Aneta Grzeszczyk
www.sodazitrondesign.com

Lektorat Deutsch / German Copyediting:
Elisabeth Lexer

Lektorat Englisch / English Copyediting:
Nick Jones, Full Media Ltd

Übersetzungen / Translation:
Cornelia Maierl

Projektmanagement / Project Management
Kerber Verlag: Christine Marth

Fotos / Photos:
Marianne Lang
Rainer Mirau
Luis Casanova Sorolla
Galerie Zimmermann Kratochwill

Texte / Texts by:
Roman Grabner
Astrid Kury
Elsy Lahner
Margareth Otti

Mit freundlicher Unterstützung von / With the friendly support of:

BUNDESKANZLERAMT ÖSTERREICH
Das Land Steiermark → Kultur, Europa, Außenbeziehungen
Stadt GRAZ

GALERIE ZIMMERMANN KRATOCHWILL
GALERIE ZIMMERMANN KRATOCHWILL Opernring 7, 8010 Graz, Austria T: +43 316 82 37 54-0, F: -4 www.zimmermann-kratochwill.com
BACKERSTRASSE 4
Bildrecht

Die Deutsche Nationalbibliothek verzeichnet diese Publikation in der Deutschen Nationalbibliografie; detaillierte bibliografische Daten sind im Internet über http://dnb.dnb.de abrufbar.
The Deutsche Nationalbibliothek lists this publication in the Deutsche Nationalbibliografie; detailed bibliographic data are available on the Internet at http://dnb.dnb.de.

Gesamtherstellung und Vertrieb / Printed and published by:

Kerber Verlag, Bielefeld
Windelsbleicher Str. 166–170
33659 Bielefeld
Germany
Tel. +49 (0) 5 21/9 50 08-10
Fax +49 (0) 5 21/9 50 08-88
info@kerberverlag.com

Kerber, US Distribution
ARTBOOK | D.A.P.
75 Broad Street, Suite 630
New York, NY 10004
Tel. +1 (212) 627-1999
Fax +1 (212) 627-9484

Kerber-Publikationen werden weltweit in führenden Buchhandlungen und Museumsshops angeboten (Vertrieb in Europa, Asien, Nord- und Südamerika).
Kerber publications are available in selected bookstores and museum shops worldwide (distributed in Europe, Asia, South and North America).

ISBN 978-3-7356-0420-0
www.kerberverlag.com

Printed in Germany